KB190482

길 없는 길을 가는 사람

대장암과 싸우는 사람들

마음을 다하고

성품을 다하고

힘을 다해

(대장암과 싸우는 사람들)

길 없는 길을 가는 사람

길도 없이 거친 넓은 들에서

갈길 못 찾아 애쓰며

이리저리로 헤매는 내 모양

저 원수 조롱하도다!

길 없는 길을 가는 사람

대장암과 싸우는 사람들

발 행 일	2024년 8월 30일
지 은 이	이병희
편 집	구부회
발 행 처	도서출판 담아서
주 소	경기도 시흥시 배곧3로 27-8
전 화	0505-338-2009
팩 스	0505-329-2009
계좌번호	농협 301-2274-2009-11 (예금주: 전하영)
등록번호	2021-000013호

ISBN 979-11-975961-9-3 (03230)

독자의 의견을 기다립니다.
damaserbooks@naver.com

길 없는 길을 가는 사람

대	장	암	과		
싸	우	는		사	람 들

이병희 지음

담아서

목차

노성현 박사
아주대학교 의과대학 신경외과 교수

제가 이병희 사모님과 장광수 목사님을 처음 뵌 것은 2021년
도 7월이었습니다. 장광수 목사님께서 다리에 힘이 들어가지 않
는다고 응급실을 통해 오셨습니다. 검사를 통해 척추에 전이암
이 발견되었고 수술을 받으셨습니다. 환자가 좋은 의사를 만나
야 한다고 생각하지만, 의사 또한 어떤 환자를 만나는가에 따라
치료 결과가 달라지는 것 같습니다. 환자가 긍정적이고 의지가
있고 의사의 치료 방향을 잘 따르면 의사와 환자가 서로 시너지
효과가 나는 것 같습니다. 제가 만난 두 분은 아주 긍정적이고
의지가 강하시고 저의 치료 방향을 잘 따라오셨습니다.

두 분은 제게 수술을 잘해 주셔서 감사하다고 하시지만 저는
오히려 두 분께 감사드립니다. 왜냐하면, 암에 걸려서 수술을 받
고 재활을 하는 과정이 얼마나 힘든 지를 알기 때문에, 그리고
두 분이 얼마나 많은 노력을 하셨고 셀 수 없는 어려운 고비를 잘
넘으셨기 때문입니다. 그리고 하나님께서 두 분을 만나게 하심을
감사드립니다. 하나님께서 많이 사랑하시고 하나님의 일을 열심

히 하시는 두 분을 만난 것은 제게 큰 은혜이고 제가 두 분에게 하나님의 도구로 도움을 드렸다는 것이 감사합니다.

수술 이후에 두 분께 생기는 일들을 보면서 정말 하나님께서 함께하시고 역사하고 계심을 보게 되었습니다. 『길 없는 길을 가는 사람』 책을 출판하심을 축하드립니다. 이 책은 많은 이에게 힘을 줄 것입니다. 암이라는 정말 감당하기 어려운 질환을 가졌지만 이것을 잘 극복해 가는 과정을 많은 이가 본다면 그들 또한 잘 극복할 것입니다. 인생에서 제일 힘든 것이 한 번도 경험해 보지 못한 일을 극복해 가는 것입니다. 절망 가운데 아무것도 보이지 않고 어떤 길을 가야 할지 모르는 상황에서 하나님과 동행하며 묵묵히 길을 만들어 가신 두 분을 존경하며 앞으로도 계속 하나님의 선한 도구로 쓰임 받기를 기도합니다. 감사합니다.

추천자 노트

노성현 교수님은 순천향대학교를 졸업하시고 강남세브란스병원 척추신경외과 강사, 임상연구 조교수, 국민건강보험공단 일산병원을 거쳐 현재 아주대학교 의과대학 신경외과에 재직하시고 계십니다. 전문 진료 분야는 소아 및 성인 척추변형, 경추 및 요추 디스크, 척추 협착증, 신경통증치료골다공증이며, 주요 연구분야는 빅데이터 연구, AI(인공지능)을 이용하여 척추수술분야 연구, 한국인 정상 성인의 표준 척추 연구를 진행 중이십니다. 대외적으로는 대한신경외과학회, 대한척추신경외과학회, 대한척추변형연구회, 대한척추골다공증연구회 회원으로 활동 중이십니다.

⤳

정정숙 박사
미국 패밀리터치(Family Touch) 원장, 『감사, 변화의 시작』 저자

'길 없는 길을 가는 사람들!'

정말 그렇다. 암 판정을 받은 충격의 날부터 시작해서 환자와 가족들은 한 번도 가보지 못한 길을 향해 가는 사람들이다.

이 책을 쓴 이병희 작가는 남편이 암과의 동거를 시작하여 완치 판정을 받기까지 그리고 그 후로도 계속되는 투병의 긴 여정을 '남편을 살리겠다'는 일념 하나로 지극정성 간병을 해 왔다. 그런 중에 간병일기를 쓰기 시작했고, 그 기록이 오늘 한 권의 책이 되어 암환우와 가족들에게 따스한 위로와 격려의 메시지를 전하고 있어 감사하다.

이병희 작가는 많은 암환우 가족이 겪는 것처럼 남편의 간병인 역할뿐 아니라, 가족을 부양하기 위한 생활 전선에서의 전투와 4남매 자녀들의 교육까지 책임져야 하는 1인 다역의 역할을 감당했다. 나는 작가의 글을 읽으면서 이런 생각을 했다.

"여자는 약하지만 아내는 강하고, 어머니는 더 강하다'고 ….

작가와 남편 목사님께서 17년의 긴 세월 암발병, 재발과 전이된 암과의 투쟁을 잘해 올 수 있었던 비결은 하나님을 신뢰함으로 얻을 수 있는 '긍정 마인드'와 희망이었다.

한 치 앞을 내다보기 힘든 중에 시시때때로 찾아오는 두려움과 불안, 휘몰아치는 감정의 소용돌이가 몸과 영혼을 마구 흔들어 댈 때, 그들은 '기도와 찬양 그리고 감사'의 무기로 부정적인 감정들을 잠재우고 평안에 거할 수 있었다. 가족 간에 주고받는 사랑은 그들을 지탱하는 버팀목이 되었다. 고난 중에도 성장해 가는 자녀들이 안겨주는 기쁨과 행복의 순간을 마음껏 즐겼고, 어려움 가운데서도 웃을 수 있는 여유마저 있었다. 암 전문 의사들은 항암 치료를 받고 있는 환자들에게 이구동성으로 '마음 관리'가 얼마나 중요한지를 강조하고 또 강조한다.

나는 6년 전, 폐암 판정을 받았고 요즘은 1년 반에 걸친 긴 임상 실험에 참가하여 항암 치료를 받고 있다. '고통 속에서도 감사할 일들을 찾아보며 감사에 집중하기, 내일이 아닌 오늘, 현재에 집중하기'가 최상의 마음 관리'란 사실을 감사 연구를 통해 알게 되었고, 감사 덕분에 항암 치료의 힘든 과정을 잘 견뎌내고 있다. '감사하면 암환자나 가족도 행복할 수 있으며 감사하면 건강 상태도 더 좋아진다'라는 것이 내 연구의 결론이다.

그런데 이 부부는 투병의 기간 중 놀라울 만큼 '마음 관리'를 잘해 왔다. 고난의 긴 여정 속에서 그들은 하루씩만 살아가는 연습을 했다. "오늘 하루만 견디자 하는 마음만 가지고 매일매일을 살았었는데 예나 지금이나 그 보다 더 좋은 고난 극복의 방법은 없었을 것이다"라고 저자는 고백한다. 그들은 불안하고 두려운 내일을 미리 내다보고 걱정하며 겁먹는 대신에 오늘 하루가 자신들에게 주어진 소중한 선물임을 기억하며 하루하루를 감사로 살아냈다.

'오늘 살아있음에 감사하고, 오늘 내 곁에 있어주는 남편이 고마웠다.'

지금은 간병 중에 얻은 지혜와 경험을 바탕으로 고통스러운 암과 싸우는 환우와 가족들을 따스한 가슴으로 안고, 그들을 격려하며 위로하는 자로 살아가고 있다.

"희망의 줄을 놓지 마세요! 아직 끝은 아니에요. 힘들고 어렵고 고통스럽지만 하루씩만 살면서, 이 과정을 잘 이겨내 보도록 해요."

추천자 노트

미국 뉴저지에 소재한 비영리 가족 교육 기관인 '패밀리터치'의 설립자이자 원장으로서 20년 넘게 한인 이민 가정들을 건강하게 세우고 교회의 가정 사역을 돕는 일에 헌신하고 계십니다. 가정 문제의 전문가로서 각종 컨퍼런스와 세미나 주강사로 활동 중이시며, 위기에 처한 부부와 가족을 회복시키는 공인 임상 목회 상담을 통해 수많은 가정을 회복시키고 계십니다.

저서로는 『아빠의 선물』, 『내 아이의 미래를 결정하는 가정 원칙』, 『마음을 움직이는 10가지 대화 기술』, 역서로는 래디컬 그래티튜드, 『감사의 기술은 어떻게 삶의 질을 바꾸는가?』(*Radical Gratitude*) 등이 있습니다.

최근에는 유튜브 채널 "정정숙 박사의 행복한 가정 만들기"를 진행하고 계십니다.

YouTube : www.youtube.com/@familytouchtalk

Homapsge: www. Familytouchusa.org

Email: joy@ Familytouchusa.org

들어가기에 앞서 ⌒⌒⌒⌒ ────────

　"대장암과 싸우는 사람들"이라는 카페를 운영 중이신 서울삼성병원 김희철 교수님은 2007년 8월 남편 수술 직후 어느 분이 서울아산병원 세미나실에서 대장암에 대해 강의하신다는 정보를 듣고 강의를 들으며 알게 되었습니다.

　그 당시 남편은 수술이 잘 되기는 했지만, 수술이 9시간 30분이나 걸렸고, 또 S상 결장에 생겨진 암이 장을 꽉 막은 상태가 되어, 한 달 이상 배변을 못해서 대장과 소장이 모두 오염되면서, S상 결장 때문에 장이 부풀어 너덜너덜해진 바람에 회장루를 해야만 했습니다.

　이어 남편은 수술 이후 곧바로 중환자실로 옮겨져 4일 동안 중환자실에 있다가 상태가 호전되어 병실로 올라와 있었던 때였습니다. 이 때 김희철 교수님의 강의를 들으려고 하니 어찌나 두려운 지 주님께 간절히 기도했습니다.

　　주여 두려운 말은 듣지 않게 하시고, 도움 될 말만 듣게 하옵소서!

그 때 들은 강의를 다 기억하지 못하지만 몇 가지만큼은 '내 것으로 만들자' 하며 기록해 놓은 것들이 있습니다.

대장암 환자의 음식에 대한 원칙

1. 소화가 잘되는 음식

2. 자극성이 없는 음식

3. 찬 것은 먹지 말 것

4. 기름진 것도 먹지 말 것

5. 과하게 먹지 말 것

6. 자신에게 맞는 음식을 골고루 섭취

이 6가지 외에도 초반에는 섬유질을 금해야 하고, 엄마들이 아기를 키울 때를 생각하면 되고, 1년쯤 지나면 웬만한 음식 제한은 없어진다고 하셨습니다.

또 김희철 교수님은,

"많이 아는 게 많이 이길 수 있는 방법이다. '인터넷이나 강의를 하는 걸 왜 하느냐?'라고 말하지만 역기능보다는 순기능이 더 많기 때문에 계속하고 있다"라고 하셨습니다.

그 중 제가 꼭 붙잡고 놓지 않았던 것이 암 환자의 경우는 의사와 만나는 게 "시집 장가 가는 것과 같이 신중하게 결정하고,

결정했으면 서로 꼭 신뢰해야 한다"라고 하신 말씀이었습니다.

남편 퇴원 이후 몇 개월 지나지 않아서 우연히 교수님이 운영하고 계신 **"대장암과 싸우는 사람들"**이라는 카페를 알게 되었습니다.

저는 남편이 김희철 교수님 환자가 아니었기에 조심스레 '경험방'에 가끔 들어가서 제가 겪는 이야기들을 나누게 되었습니다.

제 경험담을 쓰면서 환자들이나 그 가족들과 서로 격려도 하고 받기도 했던 이야기들을 이번에 책으로 엮어 내게 되었습니다.

2021. 3.

1부

암과의 동거

(2007년 처음 대장암 수술 후 20차에 걸친 항암 치료)

— 01 —

얼굴

지난 월요일(21일), 남편이 젤로다 7차 항암 치료를 받는 날이어서 병원에 갔다. 교수님이 누적된 항암 치료 부작용으로 인해 혈소판 수치가 부족하다 해, 일주일을 휴가 아닌 휴가를 받았다. 7차 항암 치료는 다음 주에나 받아야 한단다.

그날 아침 일찍부터 병원 접수 창구로, 채혈실로, 다시 종양내과로 아주 부지런히 남편을 앞세우고 돌아다니는데, 내 나이쯤(50대 초반) 어떤 부인이, "어떻게 그렇게 편안한 얼굴이세요?" 하며 묻는 바람에 본의 아니게 그 부인과 이야기를 나누게 되었다.

그 부인은 나랑 비슷한 또래에 처지 또한 비슷한 듯해 보였다. 나는 환자를 시중드느라 내 성격에 안 맞게 남편과 함께 지내는 시간이 너무 많아서 어떨 땐 답답함에 견디기 힘들 때가 참 많다. 나는 동적인 데 반해 정적으로 살려고 하니 행동 반경이 좁아짐으로 인해서 얼마나 힘이 드는지 회의마저 생겨나곤 한다.

그러다가도 '아픈 사람도 있는데 …' 하며 얼른 내 생각을 바꾸곤 한다.

　그런데 서로 비슷한 처지인 듯한 그 부인은 생각 없이 무심코 앉아 있다가, 구부정한 남편을 앞서거니 뒤서거니 하면서 왔다 갔다 하는 나를 보고서는 눈을 뗄 수가 없었단다. 식구들을 위해서 열심히 일을 해야 하는 때인데 남편들이 중병인 암과 전쟁 중이니, 그 기가 막힘이 말로 형용키 어려워 절망스러움으로 어찌 해야 할지 모르는 중인데, 거기다가 남편에게 의지할 수 있기는커녕 돌봐야 하는 처지로 인해서 망연자실한 가운데서 무심결에 아무 곳으로나 시선을 둔다는 게 하필 남편을 앞세우고 다니는 나였단다. 어두운 그늘이 없이 여기저기 돌아다니는 걸 보고는 그만 눈을 뗄 수가 없어서 한참을 지켜봤다고 했다.

　그렇게 한참을 지켜보는 가운데서도 한순간도 얼굴에 어두운 그늘이 없는 걸 보면서 궁금증이 생겼다고 했다.

　'암과의 싸움, 생활과의 전투, 불안한 미래와의 전쟁 …'

　'그 어느 것 … 하나도 무겁지 않은 게 없는데' 하는 마음에 내게 말을 걸었다고 했다. 낯선 부인의 그 말을 듣는 순간 나는 나도 모르게 스스로에게 감탄했다. 의식하지 않은 가운데 평소의 내 모습을 그 부인을 통해서 듣게 되었기 때문이다.

　전혀 두려워하거나 어둡지 않아 보인다는 말이 내게는 얼마나 큰 위로가 되었는지! 아마도 힘든 표정이 조금이라도 있었다면 그 부인의 그런 의구심 섞인 말을 듣지는 못했을 테니까 말이다. 마음은 생각하기 나름이라고 생각한다.

'어렸을 적부터의 나는 아무리 힘든 일이 생겨나도 오늘은 여기까지 나머지는 내일! 꿈보다는 해몽이다! 어떤 일을 만나도 부정적이기보다는 긍정적으로!'

막연하지만 이런 생각들을 붙잡고 살았지 않나 싶다.

거기다가 신앙이 있으니까, 마음이야 믿음으로 인해 편안하고, 4명의 아이 교육은 아빠의 투병으로 인해 자연히 검소함과 긴장의 끈을 놓지 않게 다잡을 기회이기도 하다.

또한 보험이나 그 밖의 미래를 대비한 계획은 전혀 세우지도 세울 생각조차도 못 하고 살고 있지만, 남편이 언제 죽을지도 모른다는 생각으로 인해서 먼 미래는 내게 아무런 영향도 끼치지 못한다. '하루하루가 소중하고 귀한데, 그리고 흐트러짐 없이 살게 된 계기가 되었는데 …, 먼 미래가 내게 무슨 소용인가' 하는 마음이다.

예전에는 내일이 있으니까 하며 오늘을 조금쯤은 게으르게 내일로 미루면서 지냈지만, 남편이 언제 죽을지도 모른다는 현실 앞에서의 오늘은 내게 있어서 너무나 소중하다. '최선을 다 하는 하루하루가 모여서 값진 인생이 되는 게 아닌가'라는 생각까지 가지게 되었다.

2008. 1.

02

7차 항암 치료를 받게 되어
감사한 마음

　혈소판 수치가 많이 부족하다고 해서 지난주에 받아야 했을 7차 항암 치료가 미뤄져 한 주가 지난 어제서야 겨우 항암 치료를 받았다. 그동안 검사 수치를 무심히 신경 쓰지 않았었는데, 항암 치료가 한 주 늦어지는 바람에 처음부터 받은 검사 수치를 비교하며 보게 되었다. 백혈구 수치는 오르락내리락, 또 오르락내리락하고, 간 수치, 호중구, 이 모든 것들도 오르락내리락이다.

　그에 반해 혈소판 수치는 치료받는 횟수에 따라 점점 내려가고 있음을 알 수 있다. 한 주 더 쉴 수 있어서 모든 수치가 6차 때만큼 올라가서 7차 항암 치료를 받을 수 있게 되었다. 사람들이 '병이 수술할 수만 있어도 다행이다'라고 하는데, 그 말처럼 또한 항암 치료도 받을 수 있음이 아직 건강하다는 증거니, 감사한 마음이다.

2008. 1.

03

처음 항암 치료 받을 때처럼
힘들다고 하더니

7차 항암 치료를 한 주 건너뛰고 4주 만에 하게 되어서인지 남편은 항암 주사를 맞고 나서는 몹시도 괴롭고 힘들어 보였다.

나는 항암 주사 맞을 때에는 병실에 남편과 함께 있다가 잠이 든 것 같으면 수원 집까지 내려오는 시간을 계산해야 하기에 시간을 아끼려고 얼른 지정된 약국으로 젤로다^{Xeloda}를 지으러 간다.

약국에 갔다 오는 시간은 20분도 채 안 걸린다. 약국에서 돌아오니 남편은 그때까지도 잠들어 있는 듯해 보여서 나는 조심스럽게 책을 보며 주사 맞는 2시간을 기다렸다.

그런데 집으로 돌아오는 차 안에서 남편은 온몸에 식은땀을 흘리며 안절부절했다. 약을 지어온 후 편히 잠든 것 같아 보였는데, 내게 보인 모습과는 달리 이번 7차 항암 치료가 몹시도 힘들었나 보다. 집으로 돌아오자마자 주사 맞은 곳을 따뜻하게 찜질해 주었다. 그리고 주사 맞은 당일은 푹 쉬도록 해 주었다.

다음날부터 젤로다 약을 먹는데 역시나 예상대로 보통 힘들어 하는 게 아니다. 1주 더 쉬었다가 치료를 받았는데도 처음 항암 주사 맞았을 때와 비슷하게 많이 힘이 든다는 말에 내 마음도 함께 무거워지고 힘들어졌다. 또 여러 증상이 1차 항암 치료 때와 비슷하게 나타나는 것 같기도 하다.

나는 다시 처음과 같은 심정이 되어서 다시 긴장하며 대기 모드로 돌입했다. 회장루도 5일에 한 번씩 소독해 주며 갈아 주고 있는데, 이번에는 장도 많이 부은 것처럼 보여 더욱 불안해졌다. 그러는 중에도 나는 아이들에게 영어 공부에 도움이 될까 해서 영어 찬양을 가르치고 있었는데, 내가 워낙 서투르게 가르치니까 그게 안돼 보였는지 힘든 중임에도 남편이 직접 영어 찬양을 가르쳤다. 남편은 목회자이면서 개척 교회 생활비에 보태기 위해 그동안 번역해 왔었다.

언젠가 우리 집 막내가 중학교 들어가서 얼마 지나지 않아서 내게 하는 말이, "울 집에서 이제는 엄마가 영어 실력이 제일 못해요!" 했을 정도로 우리 집에서의 내 영어 실력은 제일 뒤떨어진다. 그럼에도 나는 무엇이든 덥석덥석 일을 잘 벌여놓는 편이다. 내 실력이 부족하다고 해서 아이들에게 영어 단어 정도쯤이야 가르칠 수 있지 하면서 초중학생 교회 아이들에게 방학만 되면 새벽부터 교회에 나와서 밥까지 해 주면서 중학교 영어 단어 1,800개를 일일이 워드로 쳐서 하루에 100여 개씩을 외우게 했었다.

남편이 금요일 저녁에 한 30분 정도 아이들을 가르쳤는데, 그 다음 날 토요일에 아침을 먹으며 예전에 없던 현상을 남편이 말했다.

"입맛이 돈다!"

나는 어찌나 고맙고 감사하던지!

입맛이 돌아온 토요일은 7차 치료 5일째 되는 날이었는데, 그 이후 오늘까지 3일 동안이나 음식 맛이 아직까지 사라지지 않았다고 얼마나 룰루랄라 즐거워하는지 ….

나도 덩달아 즐거운 것은 말할 것도 없다!

남편이 수술 이후 처음 가져보는 음식 맛이지 않나 싶다!

항암 치료받을 때의 입맛에 대해서는 너무나 잘 알려져 있기에 입맛이 돌아왔다 함은 얼마나 큰 기쁨과 즐거움인지!

2008. 2.

04

아직도 … 언제쯤 …

어제 8차 항암 주사를 맞고 젤로다를 가지고 돌아왔다.

2007년 8월에 S상 결장암 수술 후, 일주일 뒤에, 간에 있는 작은놈(암)들은 고주파 치료를 받았고, 그해 9월부터 항암 치료를 받기 시작한 지 벌써 1년이나 되었는데, 나는 항암 치료에 대해서는 아무것도 모르면서 '8차면 끝나겠지' 하고 기대했었다.

그런데 어제 의사 선생님은 4주 후부터는 누적된 항암 부작용으로 인해 옥살리플라틴이라는 항암 주사를 2시간 동안 맞는 것은 끝내고, 약(젤로다)으로만 다시 해 보자고 했다.

남편은 그동안의 치료로 인해서 감정 조절이 안 되니까 조그마한 일에도 마음 상해하니 가족들은 어찌나 살얼음판을 걷듯 조심하며 지내는지 모른다.

아직도 항암 치료를 언제쯤 끝내야 하는지 전혀 모른다. 계속 진행되는 항암 치료로 인해 오늘은 몹시도 지쳐버렸다. 이러다가도 내일이면 힘을 다시 내게 되겠지만, 또 아픔과 싸우고 있는 환자를 생각하면 그까짓 것(간병하는 것쯤)은 하고 이겨내야겠지만, 병원에서 돌아온 오늘만큼은 나도 그냥 마음이 힘든 대로 놔두고 싶은 날이다. 지금까지는 마음을 애써서 추스르곤 했었지만 말이다.

2008. 2.

05

어제의 하루는(9차 항암 치료)

지난해(2007년) 8월에 대장암 수술을 받고 나서 1주일 뒤에 곧바로 간에 전이된 암을 고주파로 치료받은 후 미열이 나서 퇴원을 거의 10일 정도 늦출 수밖에 없는 바람에 2인실에서 6인실로 병실을 옮겼었는데, 같은 병실에 있었던 환자가 얼마 전에 돌아가셨다는 소식을 들었다.

당시 남편은 고주파 치료로 인해서 미열로 고생하며 같은 병실에 있던 환자들 중에서 나이가 젊은 편인데도 운동도 못하고 중환자처럼 모든 수발을 받고 있었다. 그런 남편에 비해서 그분은 운동도 열심히 하며 남편보다 먼저 건강한 모습으로 퇴원했던 기억이 떠올랐다.

그런데 그 소식으로 인해서 다시 한번 이놈들(암)을 경계해야겠다는 생각에 정신이 퍼뜩 들었다. 요즘 나나 가족들은 남편이 거의 다 나은 듯이 여기며 암 환자라는 생각에서 벗어나 소홀하게 대하고 있었는데, 새삼 재삼 그 소식으로 인해 다시 온 가족들이 마음을 가다듬어 보는 계기가 되었다.

3주마다 항암 치료 차 병원에 가야 하고, 5주에 한 번씩 CT 촬영을 하면서, 의사 선생님의 표정 하나하나, 말하는 것 하나하나에 얼마나 신경을 곤두세우는지 모른다. 괜찮다는 말 한마디에 마음이 놓이기도 하고, 표정 하나에 괜스레 마음이 어두워지기도 한다. 의사 선생님의 진료 결과에 예민해지지 않는다면 그건 거짓이다.

암튼 같은 병실에 있었던 분이 돌아가셨다는 소식을 전해주신 분 또한 병원에서 알게 된 분이다. 그분 또한 5년째 암과의 싸움을 하고 계시는 분이기도 하다.

12번 수술을 했고, 또 이번에 뵌 모습이 병원에 함께 있을 때보다 훨씬 좋아 보여서 5년째 투병 중임에도 건강해 보여서 그분의 건강해지심을 붙잡고 다시 마음을 밝게 가졌다.

건강해 보였던 분의 죽음 소식과 12번이나 암 수술을 했음에도 건강해 보이는 분을 통해서, 암은 어쩌면 관리가 필요한 병인지도 모르겠다는 희망적인 마음을 갖게 된 하루였다.

어제의 하루는 ….

2008. 3.

06

딸의 빈자리

어제는 오랜만에 막내와 함께 돈가스를 만들었다.

아빠가 아픈 바람에 그동안 1년 가까이 못 만들어 주었던 돈가스였다. 나는 언제 돈가스를 해 주었던가 하며 아예 생각 속에도 없이 까마득하기만 한데, 엄마의 그 까마득한 기억 속의 돈가스를, 아는 분이 키위를 보내 준 바람에 어쩔 수 없이 만들 수밖에 없게 되었다.

그 키위를 보자마자 중2 막내가 한마디 했다.

"이 키위를 보니까 돈가스가 생각나네" 하고 처음엔 아주 점잖게 내게 압력을 가해왔다. 나는 미처 그 말뜻을 전혀 못 알아들었다. 돈가스 만드는 데 시간과 정성이 많이 들어가기에 설마 아빠 병간호로 정신없는 엄마에게 돈가스 만들라고 압력을 가하는 말일 거라고는 상상도 못 했기 때문이다. 또 나는 힘이 많이 들기에 돈가스 만들 생각조차도 아예 없었다. 그래서 막내의 그 압력을 무심코 들어 넘겼다. 그러자 아무 반응 없는 엄마를 향해서 그 말을 하고 또 하고 반복해서 했다.

계속 듣다 보니 어쩐지 무언가 압박이 가해진다는 생각이 들었다. 그러곤 금세 내게 향한 은유적인 압력이었음을 깨달았다.

막내의 그 말에 나는 거부할 수 없는 묵직함을 느끼며 할 수 없이 울며 겨자 먹기식으로 돈가스를 만들기로 작정(?)하고 막내와 둘이 만들기 시작했다. 막내와 둘이만 돈가스를 만드는 데 제일 큰 몫을 해 주었던 셋째의 빈자리가 느껴졌다.

아이들이 넷인데, 아들이 셋, 셋째가 고명딸이다. 셋째는 무엇이든 일을 할 때면 말하지 않아도 척척 눈치껏 일의 성격에 맞게 손발이 되어 주는 아이다.

돈가스를 만들 때도 셋째랑 함께 하면 전혀 힘들지 않았는데, 막내와 둘이서 하려니 손발이 어찌나 따로따로인지!

그래도 엄마를 도와주는 막내가 고마워서 내 딴에는 딸이 맡아서 했었던 순서를 막내 눈치를 보며 내가 했더니, “엄마! 조금 기다리세요. 왜 그렇게 급하세요? 제가 해 줄 때까지 좀 기다리세요!”라고 말한다.

성미 급하고 인내심이 부족한 내가 일을 얼른 끝내고 싶어 하는 마음에 막내는 브레이크를 걸어 놓는다. 내가 도와주려고 하는 것까지도 못하게 꽁꽁 묶어 버렸다.

‘아이구 두야!’

나는 멍하니 손 놓고 기다리다가 하고, 또 한참 기다리다가 하고, 손발 안 맞는 것도 무척이나 힘이 드는데, 손 놓고 기다려야 하는 것 또한 왜 그리 쉽지 않은지! 아이마다 성격들이 다 다른 것을 아는 것과 몸으로 체험하는 건 또 어찌 그리도 쉽지가 않은지!

그래도 내가 아주 잘 참고(?) 맛있는 돈가스를 다 만들었다.

예전에는 돈가스를 자주 하는 게 귀찮기도 하지만 번거로워서 돈가스를 마음먹고 만들 때면, 보통 3, 4개월 치를 한 번에 만들어 놓곤 했었다. 그 양이 무시 못할 양이기 때문에 거의 서너 시간은 걸리는 일이다.

어제는 그보다 훨씬 더 많은 시간이 들었다. 막내는 자기가 만든 돈가스를 먹으며 어찌 그리도 맛있어하는지! 그러잖아도 먹는 모든 걸 다 좋아하는 막내니 땀 흘려 자기가 만든 돈가스가 얼마나 입에서 살살 녹을까!

어제는 막내가 도와준 것을 고맙게 느끼기보다는 작은 일 하나에서조차도 딸의 빈자리가 아주 크게 느끼진 하루였다. 이제는 고 1이라 야간 자율 학습 시간 때문에 아침 7시면 학교에 갔다가 저녁 11시가 다 되어 집으로 돌아오는 바람에 딸 보기가 새벽별 보듯 함으로 해서 남편과 나는 아들들과는 비교가 안 되게 그 자리의 허전함을 깨닫고 있었던 중이다.

아들들은 집에 있으면 집안이 온통 우당탕탕인데 비해 고명딸 셋째는 집에 있어도 있는 듯 없는 듯해서 별로 그 자리가 크리라고는 전혀 예상치 못했었다. 그런데 그 조용함과는 다르게 그동안 우리의 손발 노릇을 톡톡히 해 왔었음을 온몸으로 깨닫게 되었다. 작년 중학생 때만 해도 셋째는 오후 4시만 되면 어김없이 집에 돌아와 자기의 일을 똑 부러지게 잘 감당했었다. 어렸을 적부터 아들들은 손이 많이 가는 데 비해 셋째는 엄마인 내 손을 많이 필요로 하지 않아 아들들보다 몹시 편하고 순했던 아이였다.

　딸의 빈자리를 느끼며 이제는 아이들이 내 품 안에 있는 때가 지나가고 있음을 느낀다. 이제는 서서히 품 안 자식이라는 어른들의 말을 얼른 받아들여야 하는 시기가 된 듯하다.

　아주 섭섭함을 느낀 날이었다.

2008. 3.

— 07 —

부부가 함께 하기

아침부터 고추장을 담그느라 이리 뛰고 저리 뛰면서 분주히 움직였더니 오전에 고추장을 다 담글 수 있어서 점심 후 오후에는 어쩐 일인지 시간도 힘도 남아돌았다. 남편은 항암 치료를 시작하면서부터는 회장루 때문에 운전을 못해 매일 집 근처에 있는 공원에서 혼자 30분을 걷는 걸로 운동을 대신했다.

남편을 간호하랴 살림하랴 바쁜 내 눈치를 보며 함께 운동하기를 바랐는데, 나는 늘 바쁘다는 핑계로 그런 남편의 바람을 짐짓 모른척하기 일쑤였다.

오늘따라 집 근처에 있는 호수를 함께 갔으면 하는 남편의 바람이 몹시도 간절해 보였다. 그런 중에 나도 오늘은 웬일인지 힘든 고추장을 담았는데도 힘이 남아돌았다. 그래서 함께 운동하러 호수에 갔다. 호수를 한 바퀴 도는 데는 빠른 걸음으로 돌아도 1시간이 훨씬 넘게 걸리는 제법 운동이 되는 거리다.

바람이 불어 아직도 쌀쌀한 날씨인데도 다 돌고 오니 남편의 등이 땀으로 촉촉하게 젖어 있다. 어제 그제 이틀 동안 음식 먹기가 거북하고, 구토 증세도 난다면서 아주 불편한 기색이었다. 난 또 그게 마음이 몹시 쓰였었다. 아이들이 그런 아빠를 웃겨주어도 웃기가 힘들다고 말했는데, 운동하고 돌아오니 조금은 지친 듯하지만, 몸과 마음이 상쾌하다며, 지금 내 옆에서 아주 편안히 잠이 들어 있다.

　아마 나와 함께 운동하고픈 마음이 매우 간절했었나 보다고 생각하며 남편 옆에서 나도 마음이 덩달아 즐거워졌다. 오늘 하루하루를 점검하며 그날그날을 충실하게 지내다 보면 그놈(암)들도 이제는 포기하지 않을까 기대하며 기도한다.

2008. 4.

08

목욕

아이들 4명을 한창 키울 때, 사람들이 "아이들 키우느라 얼마나 힘드세요?"라며 고만고만한 아이들 넷을 주렁주렁 달고 다니는 내게 말하곤 했었다. 나는 그런 말을 들을 때마다 조금은 의아해하곤 했다. 나는 아이들을 키우는 게 그리 힘들지 않았기 때문이다.

이제 와 생각해 보면 그게 다 하나님께서 공급해 주신 힘으로 감당했구나 싶다. 우리 집 아이들은 조금 유난스러워서 낯가림도 심한 편이었다. 어렸을 때 밖에 데리고 나가면 낯가림이 심해 내 치마를 붙잡고 뒤로 숨기 바빴다. 꼭 엄마한테만 매달려 있던 아이들이었다. 그런데도 나는 그게 조금도 힘들다는 생각이 안 들었다.

그렇지만 아이들을 키울 때 힘든 게 한 가지 있었다. 그건 바로 아이들을 목욕시키는 일이었다. 매일 아이들을 씻기는 일이 내게는 힘이 들어서 나는 언제쯤 이 일에서 놓여날까 했었다. 거기다가 아이들을 목욕탕에서 있는 힘을 다해 씻기고 나오면 아이들이 거실 하나 가득 장난감으로 어질러 놓은 것을 보는 순간, 허리가 약해서 허리를 붙잡고 나온 내가 마주친 진풍경에 그만 으악 소리가 저절로 나오곤 했었다. 이젠 쉴 수 있겠다고 했던 내 생각을 정통으로 얻어맞은 것과 같은 일거리들! 그때의 허리 통증이 지금도 생생하다. 지금도 그 생각만으로도 허리가 아프다.

큰애는 6학년까지, 막내는 3학년까지만 목욕시키고는 그다음부터는 큰애한테 두 남동생들의 목욕을 맡겨버렸다. 딸아이 하나만 목욕시키게 되었을 때의 그 날아갈 것만 같았던 마음이란 얼마나 가볍던지! 그런데 요즘 다시 그 목욕으로 인해서 한바탕 소동이 벌어지고 있다.

남편이 퇴원 이후 회장루와 항암 치료 부작용으로 인해서 혼자 목욕을 못하기 때문이다. 갓난아기와 산모를 한 번에 돌봐야 하는 것과 같은 일상 속에서, 남편을 목욕시킬 때마다 그동안 해방되었던 목욕탕에서의 굴레가 다시 나를 얽매고 있다. 거기다 남편을 목욕시켜 줄 때마다 나는 안 해도 되는 말을 하는 바람에 이중고를 겪는 중이다.

"막내를 끝으로 이제는 이 일에서 해방된 줄 알았는데 …"

나도 모르게 나오는 이 말 때문에 아주 톡톡히 뒷감당을 치르고 있다. 안 해도 될 말을 나도 모르게 하고 나서는 내가 한 말은 까맣게 잊고 남편을 열심히 목욕시키느라 열중해 있다 보면 뭔가 좀 이상한 낌새가 느껴진다. 아니나 다를까 남편이 금세 마음이 상해서는 입을 꼭 다물고 있다. 어떨 땐 이틀 동안 아무 말도 안하고 지낸 적도 있었다. 혹시나 남편의 마음 상함이 '암이라는 놈한테 힘을 더하는 게 아닐까?' 하는 생각에, 내게 그럴 때의 두려움이란 ….

얼른 마음을 바꾸어서 내가 아무리 애교를 부려도, 또 미안하다고 사정사정해 봐도 이미 엎질러진 물이 되어 버렸다. 그럴 때는 할 수 있는 게 기도 밖에 없다.

'나도 힘들어서, 나도 모르게 내뱉은 말 때문에 맘 상한 아픈 사람도 아픈 사람이지만, 상한 마음의 남편을 달래느라고 나도 힘들어요. 주님!' 하면서 주님 앞으로 나가는 게 최고의 방법이다.

아무튼 누적된 항암 치료 부작용의 일부분으로 감정 처리가 잘 안 되는 걸 깜빡하며 자꾸만 그 실수를 연발하는 건 무엇 때문일까? 그건 아마도 나도 연약하기 때문일 것이다.

하여튼 오늘도 또 남편을 목욕시키면서 그 말실수를 그만 또 하고 말았다. 아차 싶었지만 이미 늦었다. 말이 벌써 튀어 나가고 말았으니 말이다.

나는 그걸 얼른 눈치채고 어떡하나 싶은데 오늘은 어쩐 일인지 잘 넘어갔다. 마음이 상했구나 싶으면서 조심하고 있는 나한테 남편이 미소를 지어 주었다.

'아마도 이 여자는 어쩔 수 없구나!' 하고 마음을 바꿨는지도 모르겠다. 사람마다 취약점이 있는데 나는 집안일을 하는 게 정말 정말 힘들고 어렵고 몹시 몹시 싫다. 그런 나한테 아이들 4명과 갓난아기랑 산모가 하나인 사람을 내게 맡기신 우리 주님께서는 또 얼마나 살얼음판을 걷고 계실까!

실수를 또 했음에도 오늘은 평화로운 하루를 보내며 ….

2008. 4.

— 09 —

오랜만에 온 가족이 다 함께 모여

겨울 방학인 지난달까지만 해도 우리 집은 저녁이면 늘 온 가족이 함께 모여 북적북적했다. 사람 사는 집이 사람으로 북적해야 한다는 게 평소의 지론인지라 나는 방학이 참 좋다. 이제 아이들이 개학하고 나니 세 식구만 달랑 남은 듯하다.

남편과 나와 중 2인 막내만이 ….

이제는 아이들이 각자의 길을 찾아서 품을 떠날 시기가 코앞에 다가왔다는 생각에 아이들이 없는 낮이 참 허전하다. 아니 마음이 휑하니 텅 빈 것 같다.

그렇게 허전한 마음이 되었는데 마침 휴일이 되었다. 이때를 놓칠까 보냐 싶어서 온 가족이 함께 모여 멀리는 못 가더라도 근처 잔디밭으로 봄나들이를 할 수는 있겠다 싶어서 김밥과 도시락을 준비하려고 했다. 남편은 회장루로 인해서 멀리 가는 걸 싫어해서 봄 꽃놀이도 제대로 못 했는데, 봄을 그냥 보내기가 너무 아쉽던 차였다.

우리에게 휴일인 주일은 늘 교회에서 예배드리며 하루 종일 있기 때문에 오랜만의 휴일이 참 반가웠다. 그런데 그런 내 마음과는 달리 날씨가 안 따라 주었다. 따라 주지 않는 날씨 탓만 할 수도 없고 해서 오랜만에 가족들이 다 함께 삼겹살 파티를 했다. 거실 창문 너머의 화단에 활짝 핀 자목련과 앵두꽃을 바라보면서 ….

비록 비가 와서 마당이 아닌 거실에서 바라보는 봄 꽃놀이지만, 오히려 내리는 봄비가 우리 식구들에게 즐겁게 봄 꽃놀이를 하라고 말하는 듯해 보였다. 겨우내 갇혀 지내던 남편과 나는 얼마나 즐거웠는지 ….

비가 오는 휴일이었지만 기쁜 하루였다.

2008. 4.

10

아침이면 아침마다

아침이면 우리 집에서는 난리가 난다.

목욕탕이 하나밖에 없기 때문이다. 서로들 먼저 쓰려고 야단법석이다. 조금 먼저 일어나면 될 텐데 1분이라도 좀 더 자고 일어나려다 보니 서로 양보가 없다. 조금이라도 늦게 일어났다가는 여지없이 다른 녀석이 목욕탕을 점령해 버리기 때문에 정해진 순서대로 차례가 제대로 지켜져야지 아무 일이 안 생긴다. 그 순서가 흐트러졌다가는 온 집안이 우당탕탕 난리법석이 된다.

그런 중에 오늘 아침은 그런대로 여유가 생겼다. 어제 셋째가 수련회를 떠났기 때문이다. 아이들 서열 순서대로 첫째가 먼저 부대로 가고, 둘째는 수원에서 신촌으로, 셋째는 고등학교, 맨 마지막이 막내 순서인데, 막내는 오늘 아침에 누나가 수련회를 떠난 덕분에 얼마나 여유를 부렸는지 그 여유가 너무나 지나쳐서 그만 어제보다도 더 늦어져 버렸다. 그 바람에 목욕탕 안에서 호도도독 거리며 저 혼자 야단법석 떠는 소리가 들렸다.

그 소리를 들은 아빠가 모른 척해야 하는데 남편은 아이들 일이라면 도무지 그냥 지나치지를 못 한다. 남편은 막내가 걱정이 되는가 보다. 아니 오히려 막내보다 더 안달복달이다. 내 마음 같아서는 지각해서 선생님께 혼도 나야 한다는 생각으로 그냥 놔 둘 텐데 말이다.

겨우겨우 8시 10분이나 되어서 집을 나서게 되었다. 보통은 8시에는 나가야 한다. 평소 막내는 매일 아침 현관 앞에서 늘 기도를 해달라고 했다. '오늘은 늦었기에 그냥 학교로 냅다 달려가 겠지' 했었던 내 생각과는 달리 막내는 늘 하던 대로 고개를 숙이고 기도를 받으려고 서 있었다. 그런 막내가 너무나 예뻐서 늘 드리던 기도에 더 보태어 기도드렸다.

"시간도 주관하시는 주님!

막내가 지각하지 않도록 시간도 매달아 주세요, 아멘!"

막내가 오늘은 주님이 살아계심을 알 수 있도록 시간도 매달 아 두셨으리라 믿는다.

2008. 4.

　아침 신문의 박경리 선생이 돌아가셨다는 소식은 평화로운 내 마음속 깊이 돌멩이가 되어 풍덩하고 던져져서 들어왔다. 오늘 아침 그렇게 요동치던 날씨처럼 내 마음도 마구 그 돌멩이에 파문이 일어나 속에서 소란을 일으키고 있다. 남편도 나와 같은 마음인지 얼굴이 흐려지는 게 보인다.

　암 걸린 사람들의 사망 소식 앞에서는 나는 어찌 그리 마음이 약해지고 흔들리는지 모르겠다. 아마도 남편이 2년밖에는 못 산다고 하는 시한부 선고를 의사로부터 들었기 때문인지도 모르겠다.

　암 환자들의 사망 소식은 내 주의를 끄는 힘이 엄청나게 세다. 또 그 소식의 행불행이 내게는 어찌나 강하게 전염되는지 나는 그 소식으로 인해 함께 울고 웃는다.

　이렇게 약한 내게 오늘 아침 박경리 선생의 부고 또한 예외가 아니어서 내 마음이 우울하고 견디기 쉽지 않아져 버렸다.

그렇지만 곧바로 그 암울한 소식에 그대로 함몰될 수는 없다고 생각했다. 그 소식을 계기로 다시 암에 대해 겸허히 받아들이며 남편의 상태를 다시 점검해 보기로 마음을 바꿨다. 그래서 그놈(암)은 나를 다시금 주님 앞으로 나가게끔 인도자 역할을 톡톡히 한다. 그리고 겸손히 낮은 자리로 모든 것들을 내려놓고 매일매일 은혜를 구하게 된다.

내가 하루하루를 주님 없이는 못 사는 존재라고 고백하게 만든다. 절대로 고맙진 않지만 그럼에도 고마운 놈으로 치부하려고 한다.

그놈이 옆에 있음이 감사하다.

초기 암 환자의 재발 소식이 나를 힘들게 하지 못하게,

말기 암 환자의 건강함이 나를 자만하지 않게,

이 모든 것들이 나의 마음 자세에 달려 있다는 생각이 든다. 어떤 소식이라 해도 나는 그놈으로 인해서 순간순간을 주님 없이는, 은혜 없이는 살 수 없다고 고백하게 하는 놈으로 삼으려 한다.

그놈은 싫지만, 우리의 친구다. 불편하고, 괴롭고, 힘들고, 아프고 그리고 쫓아내 버리고 싶다. 하지만 나를 주님께 붙잡아 두는 고마운(?) 친구다.

주님!

그놈으로 인해 내가,

두려워하지도 않게 하시고,

또한 마음 놓지도 않게 하옵소서. 아멘!

내가 부득불 자랑할진대 나의 약한 것을 자랑하리라(고전 11:30).

2008. 4.

— 12 —

집 간장으로 국 간을 하니

아이구 허리야!

끙끙 …

지금 한창 간장 뜨고 달이고 된장 버무리고 있다.

입맛 맞추기 정말 까다로운 남편 때문이다. 항암 치료 부작용 때문에 …

예전에는 어떤 음식도 맛있게 잘 먹던 사람이었다. 이젠 젤로 다와 옥살리플라틴 부작용으로 오심(구토 증세)이 일어나 음식 먹는 걸 얼마나 힘들어하는지 모른다.

그런데 내가 담근 간장으로 간을 맞추어 주면 맛있다고 하며 음식을 잘 먹는다. 항암 치료를 하면서 두 번만 상에 올려도 입 맛이 꼬부라져서(남편은 젤로다 부작용을 이렇게 표현한다) 토할 것 같다고 한다.

그런데 집 간장으로 간을 맞춰 준 음식은 싫증을 안 낸다. 어 떨 때는 멸치로 우려낸 맑은 장국에 집 간장만으로 간을 맞췄는데도 맛있어한다. 집 간장으로 음식을 해 주면 항암 부작용이 큰 남편에게 요리해 주기가 어찌나 편한지!

그래서 메주를 아는 분께 사다가 간장을 담갔다. 그러고는 곧바로 숙성이 덜 된 간장을 조금씩 떠다가 음식에 간을 맞춰 주었다. 그러면서도 다 숙성된 간장 속의 메주를 떠야지 하면서 하루하루 미루다 드디어 오늘에서야 간장을 떴다.

간장 뜨는 일이 쉽지 않다.

하루가 온종일 다 걸렸다.

쉬울 줄 알았던 간장 뜨는 일을 쉽지 않게 했지만, 오늘 해야할 일을 다 끝내고 나니 허리는 쑤시고 아프지만 마음은 날아갈 것만 같은 날이다.

2008. 4.

— 13 —

CT 촬영, 이제는 몇 번짼지

"내 영혼아 네가 어찌하여 낙망하며 …

하나님을 바라라

내가 오히려 찬송하리로다!"

어제는 몇 번째 하는 CT 촬영 검사인지는 세어보지 않았지만, 또다시 CT 검사를 하러 병원엘 갔다. 그런데 병원에서 내내 남편이 신경이 날카로운지 짜증을 냈다. 그 짜증을 겪으면서 그동안 나는 얼마나 많은 짜증을 남편에게 냈는가 하는 생각이 떠올랐다. 남편의 그 짜증은 짜증이 아니라 내게는 뉘우침을 갖게 한 계기가 되었다.

그러면서도 조금은 억울해서 집에 돌아와 그만 한마디를 하고 말았다. 참지 못하고 한 그 말 덕분에 오늘 하루를 톡톡히 치렀다. 그래도 예전처럼 견디기 어렵지는 않았다. 이 모든 것의 원인을 알게 되었고, 또 결과도 알게 되었으니까!

아픔으로 인해서 조금씩 조금씩 내 마음이 성숙해져 감으로 인해 오늘은 주님께 감사를 묶어 올리게 된 날이다.

"빈에도 처할 줄 알고 부에도 처할 줄 아는 믿음"으로 기쁨에도, 고통에도 처할 줄 아는 믿음으로 엮어낸 하루다!

2008. 6.

14

두 달 후에 보자는 말

오늘도 병원에 갔다 왔다.

지난 목요일에 CT, X-Ray 찍고, 검사 결과와 피검사, 항암 치료 약과 빈혈 수치가 낮아서 빈혈 수치를 높여 주는 주사를 맞아야 했다.

종양내과 교수님이 검사 결과가 다 좋다고 했다.

'이제부터 점점 병원에 가는 시간이 두 달 후, 또 석 달 후, 이러다가 일 년 후가 되겠구나!' 하는 마음이 생겼다. 아니 그렇게 될 거라고 꼭 붙잡아 본다.

병원에 가는 횟수가 많아지고 길어지다 보니 점점 무서워지고, 두려워지는 게 사실이다. 병원에서 교수님을 만나기 전에, 아니 그 한 주 전 이미 검사하러 가는 날부터 먼저 기도로 준비를 하지만, 믿음이 약한 탓에 진료실의 종양내과 교수님을 만나게 되면 교수님 안색부터 살피게 되고 초긴장하게 된다.

모든 수치서부터 검사 결과 모두 다 괜찮다고 하면서 "이제 두 달 뒤에 봅시다"라는 말을 듣는 순간 긴장했던 마음이 어찌나 기쁘던지!

2008. 6.

15

모기장? 방충망!

모두 다 내 차지

살림뿐만 아니라

집안일 모든 게 다

이제는 내 차지다

남편이 병원에서

퇴원한 이후

이제는 모두 다

온전히 내 차지

공주는 아니지만

공주과인 나!

그렇지만

집안일 모두

다 내 차지다

그런데 벌써부터 모기장(방충망)으로 인해 이제는 내 차지, 내 차지라며 구멍 뚫린 창문 모기장이 아이들 방 두 곳과 목욕탕 창문! 이렇게 세 곳.

이 뚫린 모기장이 내 마음을 힘들게 하다못해 녹였다. 나는 일이라면 무서워서 웬만한 건 다 뒤로 미루는 편이다. 그렇게 어지간한 나도 이제는 더 미룰 수가 없다. 왜냐하면 항암 치료 부작용으로 추위를 몹시 타는 남편이 선풍기 바람조차 몹시 싫어해서 창문만을 겨우 열어놓고 지내는데 모기들이 나타났기 때문이다.

이젠 모기들이 설치는 계절이 되어서 저녁만 되면 구멍 뚫린 모기장으로 모기들이 집 안으로 들어와 윙윙거리며 못살게 굴기 때문이다. 할 수 없이 창문들마다 꼭꼭 닫아 놓으니, 집안은 온통 열기로 확확 거린다. 5월부터 해야지, 모기장을 내가 직접 설치해야지 하면서도 더 미룰 수 없을 만큼 미루기만 했다.

이젠 더 견딜 수가 없을 지경이 되어서 지난 금요일 아예 맘 굳게 먹고 현관 중문에 모기장부터 설치했다. 그러곤 곧바로 아이들 창문의 모기장 설치 공사에 들어갔다. 집이 1층이라 바깥에서 모기장을 설치하면 쉬운데 밖에서는 창문이 높아서 사다리를 타야만 하는 어려움이 생겼다. 사다리를 타고 공사할 용기가 나지 않아 사다리는 포기했다.

하는 수 없이 1층인 탓에 쇠창살 같은 방범창이 설치되어 있는 창문 밖으로 손을 넣어가면서 모기장을 설치하기 시작했다.

그런데 방범창 때문에 일하기가 어찌나 더디고 번거롭고 쉽지 않은지 모르겠다. 더군다나 처음으로 해 보는 일이라 쫄대를 갖다 붙인 것까지는 거의 순조롭게 했는데, 창문 길이에 맞게 자른 모기장을 걸치고 쫄대 속을 심는 일이 생각보다 쉽지 않았다.

처음에는 그래도 이리도 해보고 저리도 해보기도 하면서 서투른 솜씨나마 그런대로 일이 되었다. 그런데 시간이 많이 가니까 힘도 들고 힘도 다 빠져 버렸다. 또 일이 무척 힘이 들어서 아예 포기하고 싶은 마음에 한숨까지 나왔다. 도대체 어찌해야 할지를 모르겠네 하고 이제 그만 포기해야겠다는 생각이 들 즈음이다. 문득 시작한 일이 힘들다고 도중에 그만두고 싶지 않다는 마음이 들었다.

그 마음과 동시에 주님께 간절히 도움을 구하는 기도를 했다.

결코 일이 쉽게 끝난 건 아니지만 드디어 모든 모기장(방충망)을 다 완성했다. 일을 다 마치고 나니 쫄대 속을 심는 일에도 요령이 있는 것을 알았다. 이젠 모기장 공사를 다른 집에라도 가서 해 주고 싶을 정도로 여유가 생겼다. 아이들 방 창문 두 곳, 목욕탕 창문 한 곳을 하고 나서 기술자가 다 된 기분이다. 그리고 난 후 나는 이틀 동안 아주 심한 몸살을 앓았다.

처음 시작할 때 엄두가 나지 않던 마음과는 달리 내가 직접 만든 모기장을 바라볼 때마다 흐뭇함이란 해 본 사람만이 가질 수 있는 특권이 아닌가 싶다.

아마도 어려운 일을 해 냈기에 가능한 성취감일 거 같다. 이렇게 해 나가다 보니 사람 살아가는 재미도 느끼게 되는 것 같다. 살림 사는 재미가 솔솔 생기는 것처럼 집안일 하나씩 해 나가는 재미 또한 쏠쏠하기만 하다. 어쩌면 남편이 아프지 않았다면 끝내 알지 못했을 즐거움일 것이다.

나중에 알고 보니 모기장은 방에 치는 것을 말하고, 내가 한 건 방충망 공사였다고 누군가 알려 주었다. 알고 나니 민망하면서도 재미난 경험이었다.

2008. 6.

Re: 꽃중의 꽃은 웃음꽃

반갑네요.

안녕하세요.

우리 남편보다는 조금 선배시네요.

저희도 님처럼 마찬가지로 대장암 수술하고,

장루를 아직까지 하고 있으니까요.

어느 분이 처음 이곳 '대장암과 싸우는 사람들 카페'에 방문하

셨을 때 그분의 글을 보면 고통 때문이었겠지만,

많이 힘들어하고 또 약간은 절망감을 가지고 있었는데,

이제는 긍정적이고, 적극적인 마음으로

변화되어 가는 모습을 보면서

참으로 이곳이 많은 사람에게

소망을 주고 생명을 살리는 곳임을 새삼 느꼈는데 ….

아무튼 이곳에 함께 해 주셔서 감사해요.

2008. 7.

추천자 노트

'대장암과 싸우는 사람들 카페'(대싸모)의 경험방에 어느 대장암 4기인 분의
글에 답글로 올렸던 글..

둘째의 1학기를 마침에 즈음하여

"몇 년 후에 제가 그 자리에 앉아 있다면 얼마나 행복할까요!"

2008 신입생 오리엔테이션 마지막 날 학부모 환영회에서 의자에 앉아 강의를 듣고 있는 학부모들에게 진심으로 부러워하는 말로 강의를 하시는 교수님(영동세브란스병원 소아정신과)의 말씀을 들으며 나는 눈물을 흘렸다.

작년 3월부터 아프기 시작한 남편이 병원, 집, 다시 병원 …

이렇게 병원과 집을 왔다 갔다 하면서 정신없이 보내다 결국 07년 8월에 대장암 수술과 함께 간에 전이된 암을 고주파 치료를 하고, 한 달을 병원에서 보내느라 고3인 둘째를 돌봐주기는커녕, 오히려 집안일로 인해 근심에 쌓이게 했었다.

그런데도 잘 견디며 공부에 전념해 주어 내가 학부모 환영회에 참석해 이런 말로 위로를 받게 해 주었으니 말이다.

고등학교 3년 동안 몸이 허약해 쉽게 공부한 것은 아니지만, 학년 올라갈 때마다 담임 선생님들이 몸이 약한 둘째를 어찌나 염려해 주셨는지 모른다.

마지막 고3은 우리 둘째에게는 최악의 환경이었다. 아빠의 병으로 인해, 형은 현역으로 군에 매여 있으니, 자신이 학교를 그만두고 생활전선에 나서겠다고까지 했다.

그 모든 일을 잘 이겨내며 공부해 올인한 둘째가 2학기에 수시로 대학에 합격해 기쁨을 안겨 주었다. 그런데 대학 생활은 고등학교 때보다는 여유가 있으려니 하고 안심하며 이제는 한숨 좀 돌리나 싶었는데, 그건 내 기대에 불과했었나 보다. 내 생각과는 다르게 1학년인데도 학교가 새로운 학부 대학을 처음 도입해서인지 밤을 새우며 공부하는 걸 밥 먹듯 했다.

그러는 중에도 나는 남편의 항암 치료에 매달리느라 또다시 공부와 씨름하는 둘째를 신경 쓸 겨를이 전혀 없었다. 학부모 환영회에서 학부 대학을 제일 먼저 시작했기 때문에 "어느 대학보다도 학부 대학에 대한 자부심이 강하다"라고 하셨던 총장님 말씀이 생각났다.

나는 그 말씀을 그냥 허투루 들었었는데, 1학기 내내 밤새워 공부하는 둘째를 지켜보며, 학부 대학에 대한 자부심이 강하다는 말을 실감하지 않을 수 없었다.

밤을 꼬박 새운 아이가 눈도 한 번 제대로 붙여 보지 못한 채, 이른 새벽에 학교로 향하는 모습을 지켜보는 엄마 가슴은 아무 것도 대신에 해 줄 수 없는 안타까움으로 인해서 어찌할 줄을 몰랐다.

게다가 수원에서부터의 통학이라 오고 가는 데 들어가는 4시간이 어찌나 아깝고 금쪽같았는지 … 그 시간을 활용하도록 조언을 해 주어야 하는데, 출근 시간과 맞물려 있어서 전철 안의 수많은 사람과의 몸싸움으로 시달려야 하니, 기도 외에는 둘째에게 해 줄 수 있는 게 아무것도 없었다. 남편이 중환자실에 나흘 동안 있을 때, 내가 하나님께 기도로 도움을 요청했을 때처럼!

둘째는 대학 생활 초에는 과 MT다, 반 MT다 해서 친구들과 선배들과 어울리랴, 공부하랴, 전혀 갈피를 못 잡는 듯해 보였다.

그동안 순종적이던 둘째가 이제는 부모의 말이 옳고 그름에 대해 말대꾸까지 할 때는 아이뿐 아니라 나 자신도 아이에 대해서 어떻게 대처해야 할지 중심을 잡을 수가 없었다.

그런 중에 나는 둘째가 혼란스러움 속에 있다는 걸 깨닫게 되었다. 그런 생각이 들자, 둘째를 향해 인내심을 가지고 기다리자 하는 마음이 되었다. 엄마가 그렇게 마음을 가지니까 둘째가 다시 제자리로 돌아옴을 느낄 수 있었다. 그동안 신앙생활로 다져 온 아이의 마음가짐이나 성품이 어디로 간 것이 아니고 잠시 새로움에 적응하기 위한 통과의례였으리라! 이젠 대학 생활에, 또한 공부에 대해 어느 정도 안정을 찾은 것 같았다.

어제는 둘째가 1학기 성적표를 보여 주며 그동안 애쓰고 힘들었던 데에 관한 결과에 만족해하는 것을 보며, 눈앞의 일에 일희

일비(一悲—悲) 하지 않고 견딘 게 참 잘했다 싶다.

둘째가 성적 결과에 만족한 것처럼 나도 엄마로서 잘 참았다는 마음에 서로 함께 만족한 마음이 되었다.

이제 처음 맞는 방학을 어떻게 잘 지내느냐에 따라 2학기가 달라지리라 생각하면서 둘째에게 너무 앞만 보고 달려가지 말고 잠시 한숨도 돌리고, 그동안 자신만을 위해 달려왔으니, 이제는 남을 돌아볼 수 있는 시간을 가지면 어떻겠느냐고 조언해야겠다는 여유까지 생겨났다.

둘째 혼자서만 달려온 길이 아니라 나도 함께 달려왔으니, 아니 온 가족들이 둘째와 함께 달려왔으니, 이번 여름방학엔 온 가족이 함께 여유로운 시간을 가짐과 동시에 봉사의 시간을 가질 수 있기를 바라는 마음 간절하다.

2008. 7.

접는다(by 너와나)

무엇을 접을까

우리네 암세포를 반으로 접었으면 한다

하지만

접는다 하면 넘 슬픔이 밀려온다

사랑을 접는다

희망을 접는다

가족을 접는다

생명을 접는다

이런 접었던 것들을 활짝 펴서

사랑을 꽃 피움으로

희망의 새싹을 돋우고

가족의 일치된 힘을 펼치고

접었던 생명을 불어넣어야 되는데

최근 언뜻 암 환자 심리 통계를 본 기억이 납니다

암에 잘 걸리는 심리 유형으로

눈물이 많은 사람

기뻐도 울고, 슬퍼도 울고, 그냥 울고

마음이 여린 사람

남에게 큰소리 한 번 못 쳐본 사람

세심, 소심한 사람

남에게 싫은 소리 한 번 듣지 않은 사람

가슴으로 삭이는 사람

모든 걸 혼자 책임지고 삭이는 사람

마음이 우울한 사람

마음이 불안한 사람

한마디로 스트레스를 적당히 풀지 못하고

눈이 오나 비가 오나 바람이 부나

모든 희로애락을 오장육부로 녹이는 미련한 …

넘 희생정신이 강한

넘 책임감이 강한

하느님 마음과 넘 가까이 가 있는 사람

착하고 섬세하고 용기 있고 희생정신 강하고

선량한 사람들만이 공통으로 걸리는 병이

암이라 생각이 듭니다

병희 님이 올려놓은

'접는다(박영희)'시를 읽고

긍정적인 생각을 먼저 떠올려야 하는데

그 반대이니

난 아직 환자라는 생각이 듭니다

맘과 몸이 아프기 이전으로 되었으면 합니다

본인은 아무리 정상이라 생각이 되어도

남들이 인정 안 해주고

가족이 염려가 큰 것을 보면

전 아직인가 봅니다

제 마음이 암이란 놈이 살기엔 적합한 환경인가 봅니다

제가 넘 쪼잔하고

모든 걸 혼자 희생하려고 하고

겁도 엄청 많은가 봅니다

전에 겁 없이 지냈는데

배포도 있다 생각했는데

그거이 똥배짱 인가?

그러다 보니 그놈이 노리는 먹이 감이 되었나 생각이 듭니다

모든 카페님 항상 접을 때는 접어야 되지만

펼 때는 넓게 활짝 펴서 새 생명을 꽃피우셨으면 합니다

암이 좋아하는 환경을 우리 스스로 만들지 않았으면 합니다

암이 좋아하는 음식을 우리 스스로 넘기지 않았으면 합니다

우리 암 환자분들 넘 착하고 넘 희생하지 않았으면 합니다.

2008. 8.

[대싸모] 경험방에서 닉네임이 '너와 나'이신 분의 글에 답글로 올렸던 글.

— 19 —
남편의 뒷모습

언젠가 친정아버지께서 우리 집에 오셨다.

몇 달 모으신 용돈을 가지고 … 목회자 남편 따라서 가난하게 사는 큰딸이 안타까워 몰래 놓고는 가셨다. 가시는 뒷모습이 어찌나 내 가슴을 무너져 내리게 했는지 모른다. 그래서 눈물이 없는 나인데도 그냥 철철 넘치도록 울었다. 아버지는 지금은 돌아가셔서 안 계신다. 물 한 잔도 큰딸이 대접하는 걸 아까워하셨다. 그래서 큰딸 집에 오시면 아무것도 드시지 않고 가신다.

그런 친정아버지께서 건강도 몹시 안 좋으신 때에 큰딸인 우리 집에 오셔서 몰래 봉투를 살짝 놓고 가시곤 하셨던 뒷모습의 아픈 기억이 지금도 새록새록 떠오른다. 친정아버지처럼 모든 일에서 은퇴한 후의 약하고 나이 많은 남자의 뒷모습은 왜 그리 사람 마음을 무너지게 하는지!

오늘 친정아버지의 뒷모습을 고대로 쏙 배닮은 것 같은 남편의 뒷모습을 문득 보게 되었다. 그런데 희한하다. 남편은 가슴과

복부를 가로로 세로로 째는 큰 수술과 또 임시로 한 회장루 때문에 가슴을 활짝 펴지 못한다. 운동할 때마다 가슴 쭉 펴라는 잔소리까지 받는다. 남편의 옹색해진 어깨와 쪼그라지다 못해 구부러진 것 같은 허리, 그 모든 걸 단박에 보이게 하는 남편의 뒷모습이다.

그런데 어라! 어쩐지 초라해 보이지 않았다. 아니 오히려 멋있어 보인다. 나는 그게 너무나 희한해서 눈을 비비고 다시 쳐다봤다. 남편의 작아진 키며, 구부정한 어깨, 어정쩡한 뒷모습에도 불구하고 남편을 바라보는 내 눈에 비치는 모습 때문에 뭐라 형언키 어려운 감정이 솟아났다.

남편의 멋진 뒷모습을 보며 사랑이 샘솟고 있음을 느끼며 이건 내가 가질 수 있는 마음이 도무지 아니라고 생각했다. 오직 하나님께서 내게 주신 선물이다! 오십이 넘은 남자의 뒷모습에서 보이는 쓸쓸함이 남편의 뒷모습에서는 찾아볼 수가 없다.

쉰셋의 나이에 대수술로 인해, 또 계속되는 항암 치료로 인해 겉모습에서 비치는 남편의 뒷모습은 절대로 멋있게 보일 수가 없는데, 나는 아직도 초라한 남편의 뒷모습 속에서 사랑과 멋을 볼 수 있으니, 사람의 힘으로는 가능하지 않다고 생각한다.

주님께서 내게 주시는 값진 선물이라고 생각하지 않을 수 없다!

2008. 8.

— **20** —

14차

드디어 항암 14차 치료를 받았다.

늘 가지게 되는 마음이지만 교수님을 만나러 갈 때의 마음은 긴장의 연속이다. 과연 오늘의 결과는 어떨까 하며 조바심이다.

종양내과 진찰실로 들어가니 한참 동안을 CT 결과와 피검사 결과를 들여다보던 교수님은 힘들지 않으냐고 먼저 물어왔다.

괜찮다고 하는 남편 말에, "1년 되셨네요"라고 말을 받으며 교수님은 이제 약을 끊어도 된다고 했다. 그러고 나서 2달 후에 보자고 했다. 그리고 외과에도 예약하라면서 모든 결과가 다 좋다고 말했다.

아! 얼마나 좋은지! 항암 치료하는 내내 오늘만 같아라!

드디어 두 달 후면 임시 장루도 아마 복원 수술할 수 있지 않을까 기대해 본다. 오랫동안 항암 치료로 인해 쌓인 부작용을 잘 견딘 남편이 고맙고 또 모든 것들에게 감사하는 마음이 새록새록 든다.

집에 돌아와서 그동안 모아 두었던 검사 결과지들을 비교해 보니 이번의 검사 결과가 아주 좋아진 것을 한눈에 알아볼 수 있다.

이렇게만, 이렇게만 … 잘 견뎌줄 수 있기를 남편에게 바라며, 하나님께 감사하며 간절히 기도했다.

2008. 8.

양평에 다녀와서

오늘은 양평에 갔다 왔다.

그곳은 작년에 아산병원 응급실에서 만났던 분이

요양하고 계신 곳이다.

함께 점심 식사를 하고 정담을 나누다가

작년에 남편이 응급실에 있었을 때를 이야기하며

그분이 눈물을 보였다.

그때를 생각하면

지금 이렇게 함께 이야기를 나누는 게 기적이라면서 …

남편은 그때 배가 남산만 해서

응급실을 발칵 뒤집어 놓았었다.

동네 의원에서 얼른 대형 병원으로 가라고 했다.

부탁하지 않았는데도 알아서 소견서를 써 주었다.

난 병원비는커녕 단돈 2만 원도 손에 쥔 게 없었기에

한 달 넘게 배변을 못 해

막달 임산부보다 더 불룩해진 배 때문인지

고통이 너무나 심해

아산병원에 가고 싶다고 하는

남편의 마지막 소원을 들어주지 않으면

내 평생 후회로 견딜 수 없게 될 것 같아서

아산병원 응급실로 갔다.

병원 응급실은 환자들로 넘쳐나서

야전 병원을 방불케 했다.

그러는 중에

하루가 지난 다음에서야 겨우 응급실 침대에 누울 수 있었는데,

응급실에서 지정해 주는

담당 교수님이 아침저녁으로

남편을 들여다보며

빨리 수술하지 않으면 위험하다고 했다.

나는 수술 못 받겠다고 버텼다.

아산병원 응급실에는 왔지만,

수술비 마련이 막막하기 때문이었다.

지금도 그때를 생각하며 눈물짓는 그분이

우리와 서로 함께 같은 길을 걷고 있는 아픔의 눈물이리라는

생각이 들었다.

그분은 2003년에 처음 대장암이 발병된 이후,

그다음부터 온갖 곳으로 암이 전이되어서

14번을 수술하신 분이다.

그분이 너무 고통스러워하니까

그 부인은 고통을 나눠 가졌으면 하는 마음이 되었는데

어쩜 그 생각이 현실이 되어서

골수암으로 작년 6월에 수술하고

아직도 남편과 함께 항암 치료 중에 있다.

지난 목요일 CT 촬영하러 병원에 도착했을 때

그분들에게서 전화가 왔다.

그래서 남편과 나는 양평으로 위로하고자 왔다.

위로하러 온 우리가 오히려 더욱 위로받았다.

앞서서 겪어 내며 고통을 이겨 내는 그분들의 담대함,

남편을 위해서 자신들 몸처럼 여기며 기도해 주시는 믿음.

우리가 위로하러 갔다가

오히려 사랑과 고마움을 되받아 가지고 왔다.

되로 주고 말로 받은 셈이다.

이희대 박사님이 말한

암이 오히려 축복이라고 한 고백처럼

모든 분에게도 고통이 곧 축복이 되길 기도드린다.

2008. 8.

—— 22 ——

꿈보다 해몽

가끔 사람들은 내가 사모이기 때문에 간밤에 자신들이 꾼 꿈 이야기를 들려줄 때가 있다. 해몽에 대해서 잘 알지 못하는 나는 그럴 때, '꿈보다는 해몽'이라는 말을 떠올리며 긍정적인 해몽을 해 주곤 한다.

좀 어리숙한 엉터리다!

그런데 솔직하게 해몽을 할 줄 모른다는 이야기부터 말해주기 때문에 아주 엉터리는 아니라고 생각한다. 그러던 중, 이번 여름이 되자 우리 집에서는 한바탕 난리가 났다.

모기 때문이었다. 그래서 모기장, 아니 정확히는 방충망을 설치하느라 내가 땀깨나 흘렸었다. 그런데 얼마 지나지 않아 그 모기 때문이 아니라 개미 때문에 또 한바탕 소란이 벌어지게 되었다. 7월부터 남편이 가끔 무언가에 물려 몸이 따갑고 견디기 힘들다고 했다.

뭐 때문인가 싶어 물린 곳을 보니 몸 곳곳이 물려서 그 자리가 따갑다고 했다. 따갑고 가려워서 긁다가 보면 덧나 가지고 새빨갛게 되고, 또 며칠씩 고생하곤 했다. 그리고 나중에는 검게 변해 버렸다. 벌레 물린 데 바르는 약을 발라 주었지만 어쩐지 의사에게 물어보기는 괜히 겁도 나고 해서 그냥 속으로만 끙끙대고 있었다.

그렇게 하루 이틀이 지나 2주일이나 되었다. 가슴앓이 하며 원인을 지켜보는 중에 남편과 내 눈에 작은 개미가 눈에 띄었다.

아하! 바로 개미 때문이란 걸 알게 되었다.

개미가 물지 않고 지나가기만 해도 긁힌 것처럼 상처가 나고 또 물린 곳은 며칠씩 고생하게 된다는 걸 알게 되었다. 그런데 남편과 나와 막내만 개미 때문에 고생했고 다른 식구들은 끄떡없단다. 남편은 너무나 괴롭고 힘이 드니까 얼른 개미 잡는 약을 사다 놓았다. 그러고 나니 조금은 괜찮아졌다. 개미 약 때문에 개미들이 아주 사라진 것은 아니지만 힘을 못 써서인지 조금 견딜 수 있게 되었다. 그래도 개미 때문에 당하는 괴로움이 약하긴 해도 아주 사라지지는 않았다.

암튼 나는 남편과 나와 우리 막내만 왜 피해를 보는지 궁금증이 풀리지 않은 가운데서 문득 뜬금없이 남편에게 "여보, 아마도 개미를 통해서 당신의 연약해진 면역 체계를 강화 훈련하게 되는 거 아닐까 몰라요" 했더니 내 이야기를 들은 남편이 뭔 뚱딴지 같은 소리 하냐는 듯이 볼멘 얼굴을 했다. 그러더니 며칠 지나지 않아서 고개를 끄덕끄덕해 주었다. 아마 남편도 나랑 살다 보니 아니 내 간호를 받다 보니 나한테 전염되었는가 보다. 어쩜 그럴 듯하게 여겨 주고 있는지도 모르겠다. 내 식대로 해석하는 나는 진짜 못 말린다.

다들 절대로 암 때문에 떨지 마세요.

사람의 생명은 하늘에 달려 있다고 하잖아요.

그 말씀을 붙잡으세요.

그리고 예수님께서는 "네 믿음대로 된다"고 하셨으니

이것도 붙잡으세요.

생명이 하늘에 달려 있고,

또 우리의 믿음대로 된다는 그 두 말을 합치면,

곧 우리가 생각하는 대로, 그리고 믿는 대로

될 수 있다는 말이 이루어진다고 생각해요.

환자들은 고통 때문에 두려워할 때가 많습니다.

그래서 살 수 있겠다는 믿음을 붙잡기 쉽지가 않답니다.

그럴 때마다 옆에 있는 우리가 소망을 잃지 않는다면

꼭 건강을 되찾으리라 믿어요.

모두 모두 승리하세요. 오늘 하루도요.

2008. 8.

23

남편과 호숫가를 돌며

우리 집에서 대문 밖으로 조금만 나서면 호수가 있다.

이 호숫가를 한 바퀴 도는 데는 1시간 정도가 든다. 운동하기에 딱 좋은 코스다. 예전에 정조대왕이 화성 행궁을 조성하면서 경치 좋은 이곳에 인공 호수를 만들고 화성 서쪽에 있다고 해서 '서호'라고 이름 붙였다고 한다. 화성이 유네스코의 세계 문화유산으로 지정된 이후 이곳 수원의 화성에 작년에만도 1,000만 명이나 다녀갔다고 한다. 정부와 수원시에서도 세계적인 문화 관광 코스로 만들려고 많은 예산을 투자하고 있다고 한다.

이렇게 좋고 아름다운 환경을 집 바로 옆에 두고 있으니 얼마나 좋은지 모른다. 그래서 수원으로 이사 온 이후부터는 일주일이면 두서너 번은 꼭 서호 주변의 산책로를 가족들과 함께 돌곤 했었다.

오늘도 이 아름다운 서호를 남편과 함께 돌며 나는 작년 봄 5월에 남편과 큰애와 함께 서호를 돌았던 기억에 하염없이 눈물이 나왔다. 서호를 돌 때면 영락없이 그때가 생각이 나서 내 가슴을 주체할 수가 없어진다. 그때의 그 큰 두려움과 아픔과 고통이 되살아나기 때문이다. 남편의 너무나도 크게 상한 건강과 큰아들의 군 입대를 눈앞에 둔 상황들 때문이었다.

지금 남편과 함께 이 길을 걷는 그 자체만으로도 행복하기만 한데 ….

아직도 내 가슴은 그때의 아픔과 고통이 되살아나서 너무나도 아프다. 그때의 아픔을 잊지 말아야지 하면서도 아직은 교훈으로 거울삼기보다는 고통이 더 크게 자리매김하는 서호 산책길이다.

언제쯤 이 아픔이, 아픔이 아닌 값진 교훈으로 내게 남을 수 있으려는지 ….

2008. 10.

— 24 —

두 달 만에 CT 검사

꼭 두 달 만에 병원에 갔다.

지난 한 달 가까이 남편은 소화가 안 된다고 해서 내 마음은 얼마나 불안했었는지 모른다. 작년 수술 이후부터 받게 된 첫 CT 검사를 저녁에 받았더니, 그 이후부터는 CT 검사를 늘 저녁에 받게 되었다. 그래서 그 후 일 년 넘게 목요일 19시부터 21시 사이에 검사를 받곤 해 왔었다.

어제도 역시나 오후 7시 30분 예약이었기 때문에 오후 6시쯤 병원에 도착해 접수한 후에 검사 1시간 전에 조영제를 먹고 나서 1층 로비로 나왔다. 조영제를 먹고 난 후 CT 검사를 받으려면 기다려야 한다. 그래서 1층 로비에서 TV를 보고 있었다.

TV에서는 플레이오프 야구 중계를 하고 있었다. 나는 기다리는 동안 TV에서 중계하는 야구를 보며 어린애처럼 즐거워하는 남편을 보면서 한 달 가까이 불안했던 마음이 싹 날아가 버렸다. 그 모습을 보니 일단 다음 주 월요일에 나올 검사 결과는 그때 가서 생각하자 하는 마음까지 가지게 되었다. 왜냐하면 TV 보며 좋아하는 남편을 보면서 나도 덩달아 즐거워졌기 때문이다. 스포츠를 저렇게 좋아했었나 하고 전혀 생각지 못했던 모습에 왠지 낯선 생각이 들었다.

동시에 아이들과 나를 얼마나 사랑했으면 저렇게 좋아하는 스포츠를 한 번도 안 봤을까 싶어서 괜스레 애잔한 마음이 들었다. 어쩜 스포츠를 저렇게 좋아하는지조차 식구들 아무도 몰랐을까 싶었다.

남편은 결혼한 이후부터 한 번도 TV 리모컨을 식구들한테서 달라고 해본 적이 없다. 저렇게 스포츠 중계를 좋아하면서도 한 번도 보지 않았던 남편의 속 깊음과 가족 사랑에 얼마나 고마운 마음이 들었는지 모른다.

그동안 우리에게 사랑만을 베풀었던 남편의 소중함을 깨우치기 위해서, 또 우리가 받기만 했던 사랑을 남편에게 되돌려 주기 위해서 남편이 이렇게 아픈지도 모르겠다는 마음까지 들었던 날이다.

2008. 10.

— 25 —

17차 검사 결과예요

지난 목요일에 CT 검사와 X-Ray 촬영하러 병원에 갔다 왔다.

오늘(월)은 그 검사 결과 듣는 날이다. 이런 일은 남편이 작년에 퇴원한 이후부터 항상 3주에 한 번, 또는 5주에 한 번 꼴로 병원에 가는 정규 코스(?)이기도 하다.

드디어 오늘은 항암 치료 17차 날이다. 지난주에 검사한 결과가 항암 치료하기에 괜찮은 수치면 그 결과에 따라서 항암 치료를 받게 된다. 어쩌면 항암 치료받을 수 있다는 사실이 건강하다는 지표라고 생각하면서도 점점 날이 가면 갈수록 검사 결과에 대한 염려가 가중되어 옴을 느낀다. 기도가 아니면 이 불안함을 물리칠 수 없어서 견디기 힘이 든다.

남편은 암 수술 이후에 체중 감소로 오히려 고혈압이 사라졌다. 그런데 병원에 가는 일이 얼마나 스트레스인지, 긴장하지 않는다고 말하면서도 병원에 도착해서 몸무게랑 혈압을 재게 되면 꼭 고혈압으로 나온다.

그래서 병원에 가는 날은 아침부터 혈압약을 꼭 복용하고 가게 되지만, 그래도 혈압이 150 가까이 나오니 더욱 불안이 가중될 수밖에 없다.

그렇게 불안이 심해지고 있는데 또 이번에도 몇 주 동안 남편이 소화가 안 된다고 하는 바람에 정말로 마음이 힘들고 걱정이 얼마나 컸었는지 모른다. 목요일 검사 이후에 기도하면서 이젠 마음이 안정되었다고 생각했는데, 역시나 나도 남편과 마찬가지로 병원에 와서 다시 오늘 결과를 들어야 하는 시간이 다가오니 불안과 걱정이 휘몰아쳤다.

오늘은 종양내과 뿐만 아니라 작년에 수술해 주셨던 일반 외과 교수님을 1년 2개월 만에 다시 만나는 날이기도 하다. 일반 외과에서는 아마도 남편의 회장루 복원 수술에 대해서 날짜를 잡을 것 같다는 생각이 드니 머릿속이 더욱 복잡해졌다.

일반 외과가 먼저 예약되어 있어서 그 교수님께 진료를 받으러 진찰실로 들어갔더니 교수님이 남편의 차트를 보더니 깜짝 놀라는 게 아닌가!

나도 같이 놀라는 마음이 되어서 교수님께 놀란 이유를 물었더니, 남편이 너무나 건강해 져 있는 게 놀랍다고 얘기했다.

작년에 중환자실에서 올라와 병실에 있을 때, 남편과 나는 회진하는 교수님에게 정확하게 암이 몇 기인지 알려 달라고 했고 그때 교수님은 분명하게 "3기입니다"라고 했었다. 그러면서 3기짜리 하나와 2기짜리 하나 이렇게 두 덩어리를 떼어냈다고 했다.

나는 그 기억이 지금도 생생하다.

그런데 오늘은 암이 전이되었으면 4기라고 하면서 환자인 남편이 건강해서 놀랐다고 했다. 그래서 남편과 나는 작년에 교수님한테서 3기라고 들었다고 했더니, 교수님은 정색을 하며 절대로 그런 말을 했을 리 없다고 했다. 그리고 우리에게 잘못 들었을 거라고 말했다.

교수님은 그 당시 남편의 수명이 오래 잡아서 2년 정도 남았다고 말하지 않았느냐고 오히려 되물었다. 그러고는 남편이 건강해진 게 도저히 믿어지지 않는다고 말하면서,

"ㅇㅇㅇ 씨가 맞느냐?"고까지 했다.

나는 머리를 한 대 두들겨 맞은 것 같은 심정으로 일반 외과 진료실에서 나왔다. 그다음 코스인 종양내과에 들어가니 이곳에서는 지난번처럼 검사 결과가 아주 좋다는 말을 했다. 오늘은 극과 극의 말을 들은 아주아주 어리둥절한 날이 되었다.

남편과 함께 병원에서 집으로 돌아온 나는 수술할 당시 9시간이 넘는 수술 시간 가운데에서 6시간 동안 수술하고 나머지 3시간이 넘는 시간 동안 남편의 소장까지 꽉 차 있던 오염물을 물로 깨끗이 청소해 주며 온갖 정성을 다했던 그 교수님이 맞나 하는 의문까지 들었다. 그리고 그건 분명 우리의 기도에 응답하신 선하신 주님께서 친히 의사가 되셔서 남편을 위해 교수님의 손을

빌려서 치료하신 게 분명하다는 생각이 들었다.

　남은 생이 2년밖에 안 되는 사람에게 온갖 정성을 다한 그 교수님께 감사하는 마음과 그리고 그 교수님의 손을 빌려서 치료하신 주님께 할렐루야의 찬양을 올려 드렸다. 그리고 만약 그때 남편이 4기(말기)라는 말을 들었으면 아마도 지금보다는 더 힘들었을 거라는 생각이 들어서 이 또한 우리의 귀를 막으셨던, 아니 그 교수님의 입술을 사용하셨던 선한 목자이시며 치료자이신 우리 주님의 크신 은총임을 다시 한번 깨닫게 되었다.

2008. 10.

Re: 옥살리플라틴의 부작용

선생님 아버님과 저희 남편이 많이 비슷한 듯해 혹여라도 참고가 되실지 몰라서 이 글을 씁니다.

저희는 이제 항암 치료한 지 1년 정도 되었습니다. 벌써 17차라고 하네요. 그리고 저희 남편은 S상 결장암을 너무나 힘들게 수술했기 때문에 그곳을 보호하고자 회장루를 하고 있습니다. 처음에는 남편이나 저나 아무것도 모른 채 항암 치료를 시작했습니다. 종양내과 선생님이 하라는 대로 하겠다는 생각뿐이었습니다. 그 생각은 지금도 변하지 않았지만요.

지난 1년을 뒤돌아보니 항암 치료하는 과정 중에 그냥 편하게만 했던 것은 아니었던 걸 알 수 있네요. 미열이 나기도 했었고, 또 힘이 많이 들어서 병원 응급실에 달려가야 할 것 같은 순간들도 있었습니다. 또 머리가 며칠씩 아프다고 해서 마음 졸였던 적도 몇 번 있었고요. 그러면 저는 혹 다른 곳으로 전이된 것은 아닌가 하고 심하게 걱정하기도 했습니다. 소화가 안 된다고 해서 몇 주 동안 힘들어할 때도 있었습니다. 그땐 얼마나 노심초사했 었는지 모릅니다.

그리고 3주에 한 번씩 병원에 가서 옥살리플라틴 주사를 2시 간에 걸쳐서 맞고 젤로다 2주 치를 받아 가지고 와서 집에서 약을 복용하고 나면 1주간은 쉬고 나서 다시 항암 치료를 받으러 병원 으로 갑니다. 그리고 5주에 한 번씩 CT 검사를 합니다. 검사 결과 를 들으러 갈 때마다 횟수가 거듭될수록 병원 가는 일이 점점 두 렵기만 합니다. 종양내과에서 몇 번 정도 폐에 이상 징후가 보인 다고도 했었고요. 저로서는 할 수 있는 일이 아무것도 없어서 늘 남편의 마음을 편하게 해 주어야겠다는 마음뿐이었습니다.

아이들에게도 항상 아빠를 위해서 웃음소리가 날 수 있도록 배려하도록 가르쳤고요. 가끔 남편이 너무 힘들어할 때마다 남 편과 함께 찬양을 온종일 부르기도 하고 듣기도 했습니다. 그러 다 보면 남편의 마음이 평안해져서 다시 건강도 되찾고 즐거워하 기도 하고 어떨 때는 두려운 마음 탓에 견딜 수 없어, 기도드리게 되면 또다시 평안함을 되찾게 됩니다.

제가 평안함을 찾으면 남편도 금세 저의 변화된 마음을 알고 서 함께 평안해합니다. 그리고 운동 겸 산책을 통해서, 또한 목회 일과 번역 일 같은 일이 있음으로 인해서 즐거움을 갖게 되니 건 강이 지켜지게 되는 것 같습니다. 의사 선생님이 놀라실 정도로 건강해졌음에도, 하루하루를 늘 같은 마음으로 건강에 대해 마음 놓지 않으려고 합니다. 제가 듣기로는 4기는 완치라는 표현을 쓰지 않는다고 하네요. 그러니 평생 함께 해야 할 손님처럼 생각하며, 손님 대접할 때의 그 긴장감을 늦추지 않으려고 합니다.

어떻게 그렇게 긴장감을 가지고 살 수 있을까 하고 생각하시겠지만, "내일 일은 내일 염려할 것이요"(마 6:34)라는 말씀을 통해서 그날그날만을 생각하면 그리 어려운 일은 아닌 듯 느껴집니다. 왜냐하면 1년 전 남편이 수술할 때를 생각하면 항암 치료하는 것은 그때만큼 힘들지는 않거든요. 그렇다고 마음에만 치우쳐 신경 쓰고 음식이나 다른 것에 신경 쓰지 않는 것은 아닙니다. 그러나 마음이 편하면 환자가 음식이나 그 밖의 다른 것에 대한 거부감도 조금 없어지는 것 같더라구요.

특히나 저희 남편은 회장루를 하고 있기 때문에 음식이 3-4시간이 지나면 바로 나옵니다. 그 회장루가 건강을 바로바로 체크할 수 있도록 변 색깔을 금세 알 수 있게 하는 이점이 있더군요. 즐겁게 운동을 했거나, 마음이 즐거울 때는 변 색깔이 황금색으로 얼마나 예쁜지 모릅니다. 그러니 금세 건강을 체크하게 되지요. 이 글이 아버님께 도움이 되었으면 합니다.

2008. 10.

27

내 아픔을 통해서

월요일에 사모님들의 기도 모임이 있어서 옥천에 당일치기로
갔다 왔다. 그런데 그게 내 체력으로는 힘이 들었는지, 화요일에
아이들 먹을거리를 사러 시장 갔다 오는데 몸이 너무 무거웠다.

그러나 그냥 힘들다는 생각만 잠시 하고선 할 일들에 싸여서
몸이 보내는 신호를 무심코 무시했다. 그런데 그만 점심 먹은 게
그대로 얹혔던 것 같다.

몸이 너무나 심하게 아파서 땀을 뻘뻘 흘리며 쩔쩔매고 앉지
도 서지도 못한 채 심한 몸살을 앓았다. 나는 집안 공기가 너무
탁하게 느껴져 답답했기에 바깥으로 나가고 싶었다. 한데 몸에
힘이 하나도 없어서 움직이기조차 힘들었다. 목욕탕 안으로 가서
토했으면 하는데도 문턱을 넘을 힘조차 없었다. 그래서 토하지도
못하고 안절부절못하며 어쩔 줄 몰라하는 그 순간 퍼뜩 떠오르
는 게 있었다.

작년에 남편이 수술한 직후가 생각났다. 그때 나는 중환자실에 있는 남편에게 들어가 귀에 대고, "당신은 아프기만 하세요. 나머지 일은 제게 맡기고요"라고 했던 말이 문득 생각이 났다.

그때 나는 여러 가지로 닥친 일들이 힘들어서 나는 나대로 그일들을 감당하기 힘들어 그 어려운 일들을 아픈 남편에게는 짐지우고 싶지 않다는 마음으로 했던 말이었는데, 그때의 그 말을 회개하게 하셨다.

내 아픔을 통해서!

암과의 싸움이 얼마나 고통스러운 지를 조금이나마, 아니 아주 조금 깨닫게 하시는구나 하는 마음이 되었다. 먹은 진통제가 몸을 진정시키는지 조금 괜찮아져서 겨우 기어서 들어갔던 목욕탕에서 나와서 남편에게 미안한 마음을 전했다. 1년이나 지난 뒤늦게서야 말이다. 늦었지만, 아주 많이 늦었지만, 남편은 그래도 빙그레 하고 웃어 주었다.

아픔을 조금이나마 이해해 주는 나의 배려가 고마워서겠지!

우리는 우리의 간병이 많이 힘들다고 말하겠지만, 어디 아픈 사람만큼이야 할까?

오늘은 '내 고뿔이 나라님의 염병보다 더 힘들다'는 말이 무슨 말인지를 어렴풋이나마 깨닫고 항암 치료하는 환자들의 아픔을 이해하게 된 날이다.

2008. 11.

28

날마다

날마다 숨쉬는 순간마다

내 앞에 어려운 일 보네

주님 앞에 이 몸을 맡길 때

슬픔 없네 두려움 없네.

주님의 그 자비로운 손길

항상 좋은 것 주시도다

사랑스레 아픔과 기쁨을

수고와 평화와 안식을.

날마다 주님 내 곁에 계셔

자비로 날 감싸 주시네.

주님 앞에 이 몸을 맡길 때

힘 주시네 위로함 주네.

어린 나를 품에 안으시사

항상 평안함 주시도다.

내가 살아 숨을 쉬는 동안

살피신다 약속하셨네.

인생의 어려운 순간마다

주의 약속 생각해 보네.

내 맘 속에 믿음 잃지 않고

말씀 속에 위로를 얻네.

주님의 도우심 바라보며

모든 어려움 이기도다.

흘러가는 순간순간마다

주님 약속 새겨봅니다.

이 찬양이 오늘의 나의 고백이다.

나는 11월부터 시름시름했던 몸이

요 며칠 동안은 밥도 못 먹고

끙끙대며 누워 앓기만 했다.

지난 일 년이 어쩌면

주님께서 힘주시고 산울로 둘러 주셨음을

고백했으면서도

어느새 내 마음은 현실의 괴로움에 함몰되었었나 보다.

겨우겨우 일어나 아이들에게

맛난 김치 만두를 만들어

그동안 누워만 있었던 미안함을 대신했다.

약을 먹어도 그때뿐이라서

약을 먹지 않고 굶식으로 버텨봤다.

그러면서도 남편에게 어찌나 미안하던지!

마침 1주일간 휴약기라서 다행이긴 하다.

어제부터 추위가 아주 매서운데

운동은 될 수 있으면 실내에서 하고 …

건강이 제일 먼저다.

2008. 12.

항암 치료 졸업

2008년 12월 21일 월요일 10시 40분,

20차 항암 치료에서 졸업한 날이다.

작년 9월부터 항암 치료를 시작했으니

약 1년 2개월이 조금 넘는 시간들을

수술 이후부터 항암 치료하는 일로 보냈다.

항암 치료가 무엇인지도 모른 채

그냥 열심히 하면 되겠지 하는 마음만 가지고

임했던 항암 치료였다.

남편은 그런 나를 믿고 내가 하자고 하는 대로

아기가 엄마 말을 듣듯이 잘 따라 주었다.

그냥 하루하루를 감사와 믿음을 가지고 지내다 보니

그 하루하루가 모여서 1년이 되고, 2년이 되고, 10년, 20년 …

이렇게 되리라는 마음만 가졌었는데,

내 그 마음과 믿음이 틀리지 않았음에 너무나

좋으신 하나님께 감사하는 마음이다.

또한 말 잘 듣는 아기와 같았던 남편이 그저 고맙다.

그러나 아직 끝났다고 생각하지는 않는다.

매일매일을 감사하는 마음으로 치료를 받다 보면

좋은 일이 꼭 있을 거라 붙잡는다.

그래서

끈질긴 이놈(암)들을 꼭 이길 수 있으리라 생각한다.

우리처럼 모든 분에게도 좋은 일들만 생기는

새해가 되기를 진심으로 간절히 기도드리면서 ….

2008. 12.

— 30 —

다들 평안하시죠

다들 궁금해하실 것 같아서요.

그리고 옆에서 돌보고 계시는 가족 여러분! 다들 평안하시죠?

올 한 해도 환우 여러분, 건강하시기를 간절히 기도드립니다. 또한 옆에서 돌보고 계시는 가족들 모든 분께도 평안함이 함께 하시기를 기도드립니다.

우리 남편은 항암 치료가 끝나서인지 이제는 조금 살도 붙었습니다. 하루하루를 늘 행복하고 즐겁게 지내다 보면 재발이라는 단어가 우리 남편에게는 쓸데없는 단어가 될 것을 믿으며 하루를 보내고 있습니다.

모든 분께서도 건강하시기를 …

2009. 1.

— 31 —

평소의 마음

저는 하나님 없이는 못 살아요!

어제 설교 말씀은 누가복음 12장 13-21절

[13] 무리 중에 한 사람이 이르되 선생님 내 형을 명하여 유산을 나와 나누게 하소서 하니 [14] 이르시되 이 사람아 누가 나를 너희의 재판장이나 물건 나누는 자로 세웠느냐 하시고 [15] 그들에게 이르시되 삼가 모든 탐심을 물리치라 사람의 생명이 그 소유의 넉넉한 데 있지 아니하니라 하시고 [16] 또 비유로 그들에게 말하여 이르시되 한 부자가 그 밭에 소출이 풍성하매 [17] 심중에 생각하여 이르되 내가 곡식 쌓아 둘 곳이 없으니 어찌할까 하고 [18] 또 이르되 내가 이렇게 하리라 내 곳간을 헐고 더 크게 짓고 내 모든 곡식과 물건을 거기 쌓아 두리라 [19] 또 내가 내 영혼에게 이르되 영혼아 여러 해 쓸 물건을 많이 쌓아 두었으니 평안히 쉬고 먹고 마시고 즐거워하자 하리라 하되 [20] 하나님은 이르시되 어리석은 자여 오늘

밤에 네 영혼을 도로 찾으리니 그러면 네 준비한 것이 누구의 것이 되겠느냐 하셨으니 [21] 자기를 위하여 재물을 쌓아 두고 하나님께 대하여 부요하지 못한 자가 이와 같으니라(눅 12:13-21).

'인생의 주인'에 대해서였다.

"사람의 생명이 그 소유의 넉넉한 데 있지 아니하니라"라고 말씀하신 예수님의 교훈으로 설교하면서, 남편은 우리가 주님께,

"우리는 주님 없이는 못 살아요!"라고 고백할 때 얼마나 우리 아버지 하나님께서 기뻐하시겠느냐고 했다.

그러고 나서 농담도 못하는 남편 목사님이 성도들에게,

"제가 우스개 이야기 하나 할까요?"라고 물으며,

"병원에서 퇴원하고 항암 치료 하느라 너무나도 힘든 가운데 있을 때, 사모가 제게 그러더라고요.

'당신 없이는 못 살아요.' 그 말을 듣고 얼마나 마음이 좋았는지 모릅니다. 아프기만 한, 아무짝에도 쓸모없는 내게 그 말을 해 준 아내가 제게 큰 힘이 되었습니다"라고요.

정작 그 이야기를 한 저는 정말 그 말을 했었는지도 모르는데 …

그 말을 하고 나서 남편 목사님은,

그때 생각이 나는지 한참 동안을 얼굴을 붉힌 채로 있었다.

"눈물을 참느라고 …

나는 요즘 이상한 버릇이 좀 생겼다.

감격을 해도,

웃음을 마음껏 웃어도,

즐거운 일을 만나도,

그 외에 좋고 나쁜 일들까지도 모두 다

이럴 때는 암세포가 죽었을 거야

이러면 암이라는 놈이 좋아할 텐데 …."

라고 생각하는 버릇이 생겼다.

그 설교의 예화를 들으면서 속으로 '와! 암세포가 사족을 못쓰겠는데 …' 하는 생각부터 들었다. 그리고 감사하는 마음이 뒤를 이었다.

요즘도 그렇게 마음을 놓고 있지는 못하지만, 그래도 예전에 항암 치료할 때에 비하면 정말 정말 마음이 많이 편하다.

어떤 사람들은 암이 돈 떨어지면 죽는 병이라고 말하는데 … 나는 그 반대로 돈 다 떨어지고 남편이 암에 걸리고 나니 그때서야 '선하신 주님께서 우리의 상급이시오, 우리의 분깃이시니'하는 생각과 더불어 '평소 때에 더욱 주님께 의지하며 살아야겠구나'하는 마음이 생겼다.

2009. 3.

32

3개월 만의 검사 결과

지난주에 항암 치료 졸업한 지 3개월 만에 검사를 받고, 어제는 검사 결과와 진찰을 받기 위해 병원에 갔다. 며칠 전부터 마음이 몹시 긴장되었다.

항암 치료를 끝낸 이후 3개월 동안의 점수표를 받는 게, 마치 시험 성적표를 받아 든 학생처럼, 아니 그 이상으로 마음이 안정되지 않았다. 점수가 어찌 나왔나 하고 의사 선생님의 입술만을 지켜보는데 …

어쩜 의사 선생님들은 다 똑같으신지, 나의 마음과는 달리 무덤덤한 표정에 내 마음이 일분일초가 녹고 있다.

CT 검사 결과와 모든 것들을 다 보고 나서야,

"괜찮네요."

"모든 게 다 좋습니다."

이 두 마디가 세상 그 어떤 말보다 얼마나 강력한지, 그저 날아갈 것 같다.

생활과 건강과 음식과 모든 일상에 대해서 합격받은 것처럼 너무나 감사했다. 이제 지금처럼만 지낸다면 재발이라는 놈, 또 전이라는 놈과 만나지는 않을 거라고 안심하는 마음이다.

2009. 3.

2부

이제
다시 시작

(2010년 5월 회장루 복원 수술)

33

어떤 젊은 운전기사

병원에 갔다 왔다.

검사 시간이 오전 10시 30분이기 때문에 아침 일찍부터 서둘렀다. 서두른다고 했으면서도 8시에 집을 나서게 되었다. 종종걸음으로 버스 정류장으로 갔는데 아침 시간이면 10분 간격으로 오던 버스가 30분이나 기다려서야 겨우 탈 수 있었다.

아침에 나설 때, 오늘 하루도 주의 은총 가운데 가장 선하신 인도를 위해 기도했다. 그런데 오늘따라 늦게 온 차가 병원에 늦게 갈 조건은 모두 갖추고 움직였다.

어떤 정거장에서는 임산부가 차에 앉을 자리가 없다고 안 타고 도로 내리면서 버스에 찍은 카드 요금 대신 동전으로 1,700원을 받고 내리고, 어떤 학생은 무슨 대회에 나가는지 셋이서 탔는데 한 명만 카드를 찍고, 다른 학생들은 만 원짜리를 냈다. 그러자 버스 기사가 만원은 거스름돈을 줄 수 없다고 했다.

학생들은 잠깐만 기다려달라고 하고서는, 버스 정류장에 자가용으로 데려다준 엄마에게 가서 1,000원짜리로 바꿔 가지고 와서 타는 바람에 또 우리가 탄 차를 지연시켰다.

또 어떤 젊은 여자는 아이와 몸이 불편하신 부모님을 모시고 타는 바람에 몇 분 동안 차를 붙잡아 두기도 했다

어느 정류장에서는 버스에 올라탄 사람이, "똑바로 운전하지 못해요? 40분이 넘게 기다렸잖아요!" 하고는 백 소리를 질렀다.

나는 남편과 버스 맨 앞자리에 앉아 있었기 때문에 이 모든 것들을 다 볼 수가 있었다. 소리를 지른 사람도 지른 사람이지만 아침부터 승객들에게 짜증 섞인 말들과 함께 핀잔을 먹은 젊은 버스 기사의 동태가 궁금해 운전기사를 쳐다봤다.

"아, 죄송합니다. 버스가 고장 나서 정비하고 출발하느라 늦었습니다" 하고 인사를 하는데 조금도 화가 난 표정이 아니었다.

버스가 너무 천천히 가는 것 같다고 하면서 운전기사한테 개떡같이 운전한다고 하는 사람의 말도 다 들었을 텐데 …

젊은 운전기사의 아무렇지도 않은 표정을 보며, 나는 버스 안에서 검사 시간에 늦겠는데 하며 동동 거리던 마음이 무척이나 감동되었다. 버스가 앞차와의 간격이 많이 벌어진 바람에 정거장마다 기다리던 사람들로 가득 채워져 만차가 되었기에 차는 아주 천천히 운전을 했다. 아마도 내 심정적으로는 시속 30km로 운전했다고 생각되었다.

50분에서 1시간이면 도착할 수 있는 거리를 차가 막혀 밀리지도 않았는데, 1시간 30분이나 되어서 잠실에 도착할 수 있었다. 그래도 나는 내리면서 인사를 건넸다.

"운전하시느라 수고 많으셨어요. 오늘 하루 좋은 날 되세요."

나의 이 말 한마디로 1시간 넘게 받은 욕설과 스트레스를 날릴 수야 없었겠지만, 오늘 하루 운전하는 그분에게 조그마한 청량제가 되고 싶은 마음이 간절해서 건네고 싶었던 짧은 한마디였다. 그리고 한 시간 동안 차를 타고 오면서 느낀 나의 감동도 함께 전하고 싶었던 말 한마디였다. 나도 그 젊은 버스 기사와 같이 어떠한 경우에도 화를 내지 않도록 노력해야지 하는 마음에서이기도 했다.

나와 남편은 정해진 시간보다 조금 늦게 병원에 도착하기는 했지만, 순서는 아주 제때에 맞춰졌고, 그리고 이후부터의 병원에서의 모든 일정들을 아주 순조로이 마칠 수 있었다.

비록 처음에는 일이 꼬여 가는 것 같았지만, 그 일을 통해서 배운 것도 있고, 마음도 너그러워져 있었고 ….

젊은 버스 기사의 인내심을 통해서 많은 것을 깨닫게 된 날이었다.

2009. 1.

34

6개월 만의 일반 외과 회장루 진료

병원에 한 달 만이지만, 일반 외과 진료는 6개월 만이다.

13일(월)에 피검사, 흉부 X-Ray, 소변검사를 받아야 하는데 까맣게 잊어버리고, 또 병원에 갈 때는 늘 1시간 전에 미리 가서 대기하고 있었는데 오늘은 병원 가는 길도 비가 오고, 여러 가지로 고생하며 딱 제시간에 갔더니 검사를 안 받았다고 검사받고 오라고 했다. 그래서 검사받으랴, 어찌어찌해서 예약한 시간보다도 1시간 30분이나 늦게 진료실로 들어갔다.

담당 선생님은 남편을 수술해 준 교수님이다.

지난 6개월 전에 만났을 때는 "내가 수술해 준 환자 맞느냐? ㅇㅇㅇ 씨 맞느냐?" 했던 분이다. 왜냐하면 수술을 해도 2년밖에는 살지 못할 거라고 했었기 때문이다.

오늘은 웃으며, "2년에서 4개월이 빠집니다"라고 농담을 했다. 즉 2년밖에 못 산다고 선고한 데서 4개월이나 남았다고 여유롭게 하는 농담이다. 지난 3월에 받은 검사 결과와 오늘의 검사 결과가 좋아서 이제는 농담까지 할 수 있나 보다.

늘 병원에 갈 때마다 스트레스가 많은 남편은 오늘 아침에도 혈압을 재었더니 168/98이 나와 미리 혈압약도 챙겨 먹고 갔는데, 검사 결과에 담당 선생님도 남편도 나도 그리고 우연찮게 병원에서 마주치게 된 함께 입원했을 때 만났던 반가운 환우와 그 부인까지 만나서 다 함께 기분이 up 되어서 돌아왔다. 이제는 회장루를 복원해도 되니 수술하자고 하는데 조금 미뤘다.

지난 6개월 전에는 교수님이 미루자고 했는데, 오늘은 나와 남편이 복원 수술을 늦추자고 하는 아이러니도 일어났다. 왜냐하면 조금 더 마음을 다잡았을 때, 마음의 준비를 철저히 하고 해야겠다는 생각이었기 때문이다. 아무튼 좋은 소식을 또 한 번 나눌 수 있어서 기분 좋은 하루다.

2009. 4.

35

남편의 독일 누님

남편은 어렸을 적에 부모님을 여의어서(10살에 어머니를, 19살에 아버지를) 독일에 살고 있는 누님이 다 큰 동생들에게 부모님 같은 분이다.

남편이 암에 걸렸다는 소식을 독일에서 듣고 얼마나 슬퍼하셨는지 3년 간격으로 한국에 나왔던 누님이 동생이 암 수술한 해인 2007년이 한국에 오시는 해인데도 슬픔이 지나쳐 본인 건강이 상하는 바람에 나오지 못하셨다. 그럼에도 남편을 위해 얼마나 기도를 많이 하셨는지, 남편이 건강하게 되었다는 소식을 듣고, 이번에 그 기도에 대한 응답을 직접 눈으로 확인하려고 어제 인천공항으로 나오셨다.

누님 덕분에 모든 형제들이 오랜만에 모두 모였다. 자녀들까지 다 모여 함께 식사 후 헤어지기 싫어서 시동생 목사네 교회로 갔다. 교회에 가서 누구랄 것도 없이 자연스레 온 가족들이 아이들과 함께 찬양으로 2시간이 넘도록 찬양의 제사를 주님께 드렸다.

누가 계획한 것도 아니었는데 작은 집으로 향하던 중 교회로 가서 감사 기도를 드려야겠다는 마음이 되어 시동생이 목회하는 교회에 들어가게 되었던 것이다.

조카들을 비롯해서 우리 아이들이 중간고사 중인데도 불구하고 한 명도 빠짐없이 모여서 피아노로, 기타로, 드럼으로, 목소리로 찬양을 2시간이나 드렸다.

친정 부모님께 가족의 화목이 중요하다고 듣고 자란 나는 내 눈앞에서 펼쳐진 가족 간의 화목함을 보면서 얼마나 감사한지!

나는 남편과 결혼할 때에 가족의 화목함을 꿈꾸었었다. 그 꿈을 선하시고 자상하신 하나님 아버지께서 눈으로 볼 수 있게 해 주셨구나 알 수 있었다. 내 꿈을 꿈이 아닌 현실로 만들어 주심에 대한 감사와 찬양의 제사였다. 남편은 찬양 내내 손수건이 흠뻑 젖을 정도로 기쁨의 눈물을 계속 흘렸다.

남편의 그 모습에 나는 또 얼마나 감사가 넘치는지! 이제는 남편의 건강을 염려하지 않아도 되겠다는 마음까지 갖게 되었다.

암 환자들에게 울음 치료가 얼마나 좋은지!

아플 때(몸이나 마음이나 모두) 울 수 있음이 얼마나 하나님께서 주시는 큰 축복인지!

"애통하는 자는 복이 있나니 저희가 위로를 받을 것임이요"

한 달 내내, 아니 독일 누님이 고국에 나오겠다고 하던 그날부터 나는 기도로 준비를 했었다. 독일 누님이 한국에서 주님의 은

총 아래 기쁘고 즐거운 여행이 될 수 있기를 간절히 기도드렸다. 누님에게 그 무엇보다도 가장 기쁘고 즐거운 것은 동생들이 모두 한 마음인 것이리라!

그런데 알고 보니 모두들 다 같은 마음으로 독일 누님을 맞이하기 위해 주님께 도움을 구했음을 알 수 있었다. 이제 2주간 동안 이곳에 머물게 될 텐데, 최선을 다하리라 하고 기도하는 마음이다.

2009. 5.

36

여름 김장

얼결에 어제는 여름 김장을 했다.

며칠 전 아는 분한테서 "장마 오기 전에 얼른 김치 담그세요" 하는 말을 듣고서도, 지난해 담갔던 간장과 된장을 실패한 경험으로 인해, '이제는 절대로 많이는 하지 말아야지' 하고 맘먹었다.

많이 하는 바람에 실패해 버릴 때 얼마나 아깝고 마음이 아프던지. 그런데도 또 그만 배추를 싸게 주겠다는 말에 홀딱 넘어가 20 포기의 배추를 샀다. 포기도 실하고, 배추도 연하면서도, 속이 노란 게 어쩌나 맛있어 보이는지, 그만 착한 가격과 예쁜 배추로 인해서 일을 저지르고 말았다!

게다가 알타리도 3단을 사 왔으니 알타리 김치는 늘 담그기만 하면 맛이 없어서 알타리 김치를 담그지 않겠다고 다짐하곤 했었건만, 욕심에 알타리 김치도 담그려고 3단이나 샀다.

왜냐하면 요전에 남편과 막내가 어찌나 맛있게 먹던지, 이젠 알타리 김치도 담가야겠다고 은연중 생각했던 게 그만 일거리가 늘어난 생각은 않고 그 많은 배추와 함께 사가지고 와서는 한숨만 내뿜었다.

산더미의 일거리 속에서 일전에 미국에 사는 어떤 분이 오이지 담글 오이를 남편에게 사다 달라고 부탁했더니 어찌나 많이 사 왔는지, 그 많이 사온 오이 때문에 무척이나 고생했다는 말에 난 그런 욕심은 내지 말아야지 하고 속으로 생각까지 했었으면서도 그 생각은 어디로 사라지고 내 앞에 떡하니 욕심이 버티고 서있다.

어휴! 에헤라.

어차피 떨어진 발등 불이니,

아니, 내가 저지른 일이니,

그래도 주님께 도움을 청해야 되겠다고 기도하는 마음이다.

아이들에게는 너희들 먼저 교회에 가서 청소하라고 맡겼다.

그러고 나서 일일이 배추 쪼개고 썰고 ….

포기김치가 아닌 막김치로 담갔다. 포기로 하면 배추를 절이는 데만도 하루가 더 걸릴 것 같아서 ….

여름인데 겨울처럼 오래 절이면 절이다가 다 익어질 것 같아서다. 덕분에 반나절 만에 20 포기 김장을 뚝딱하고 만들었다.

다 담고 나니 어찌나 시원하고 상쾌한지!

이제 여름 장마와 태풍 때문에 김치 걱정할 필요 없이 발 쭈욱 뻗고 잠 잘 자게 되었다.

다들! 부럽지요!

죄송해요.

제 자랑만 해서.

오늘도 즐겁고 기쁜 날 되시기를 …

2009. 6.

37

정기 검사 결과

또다시 3개월 만에 검사 결과를 들으러 병원에 어제 갔다 왔다. 며칠 전부터 소화가 되지 않는다고 해서 이번에는 어느 때보다도 조마조마한 마음이 더욱더 심하게 휘몰아쳤다.

'대장과 위가 사촌이니까!'

담당 교수님도 해외 연수를 떠나신 바람에 새로운 교수님과의 만남도 쉬운 일은 아니었다. 보통 진찰실에 들어가면 3~4분 정도 걸린다. 차트 보고 또 검사 결과를 말해주는 데 걸리는 시간이다.

이번에는 2분도 채 안 걸리고 진료실에서 나왔다. 처음 만나는 교수님인데도 친절하고 또 결과까지 다 깨끗하다고 하니 어찌나 긴장했던 마음이 풀리며 좋던지 …

우리 남편뿐만 아니라 모든 분께도 늘 좋은 결과가 있기를 간절히 기도드린다. 하루하루를, 매일매일을 즐거운 마음과 운동, 그리고 믿음을 가진다면 좋은 결과로 열매 맺을 줄 믿는다.

2009. 7

— **38** —

가족들과의 여름휴가

아직 항암 치료 과정 중에 있지만 가족들이 함께 여름휴가를 가지게 되어 얼마나 감격인지!

남편 목사님이 정말 많이 건강해졌다. 강화도에 있는 흥왕교회에서 가족 수련회를 겸한 여름휴가다. 자유로우면서도 아주 즐거운 시간을 가졌다.

'흥왕교회 모습.'

그곳 목사님께서 폐결핵으로 인해 요양 겸 목회하실 공기 좋은 곳을 찾다가 이곳 강화도 흥왕교회에 부임하셔서 이렇게 예쁘게 교회도 만드시고 건강도 좋아지셨다고 한다.

2009. 8.

마니산

흥왕교회

39

아침 운동

요즘은 날씨가 더워 아침에 운동을 한다.

그동안 셋째가 짧은 방학(10일) 동안에 같이 새벽 운동을 해 주어 참으로 즐거웠다. 함께 운동하던 아이를 아침 일찍 학교 보내놓고는 곧바로 걷기 운동을 했다.

고등학교는 방학에도 자율 학습을 실시하고 있어서 10일 정도밖에는 방학을 하지 않았다. 그런데 이 아침 운동으로 인해 남편과 작은 다툼이 일어났다.

서호를 한 바퀴 돌면 꼭 알맞은 운동인데, 남편은 농진청의 파란 잔디밭을 늘 보고 싶어 한다. 서호에 붙어 있는 농진청은 운동하는 사람들이 아침에 들어가기에는 조금은 미안한 곳이다.

특히 아침이면 출근하는 사람들과 마주쳐야 하기에 아침 일찍부터 일하러 일터로 가는 사람들에게 우리의 한가해 보이는 모습이 얼마나 언짢게 느껴질까 하는 마음에 나는 농진청에는 될수 있으면 안 들어갔으면 하는 마음이 크다.

그런데도 남편은 농진청의 그 파란 잔디밭을 얼마나 좋아하는지!

다른 사람이 겪는 불편함을 보느니 내가 그 불편함을 감수하는 게 훨씬 더 낫다고 생각하는 나는 농진청 잔디밭을 정말 들어가고 싶지 않았다. 나의 그런 마음을 접고 남편의 그 엔도르핀이 팍팍 솟아난다는 잔디밭을 따라 들어갔다.

다른 사람들에게 향하는 미안함에도 불구하고 잔디밭에 따라 들어가면서 오늘은 눈으로 보기만 하자고 말을 했는데도 못 들은 척하고 잔디밭을 한 바퀴 돌고 싶다고 어린애처럼 막무가내다.

불만스러운 내 마음을 접고 따라서 잔디밭을 걷는데 어제 내린 비 때문인지, 이슬이 어찌나 많은지 내 운동화에 이슬이 스며들어와 운동화뿐 아니라 양말까지 모두 다 젖어버렸다. 잔디밭을 반쯤 돌다가 슬며시 화가 치밀어 올랐다.

"아, 이제 그만! 잔디밭 좀 그만 돌자고요!"

그랬더니 남편이 되레 화내는 모습이 보였다.

화난 모습을 짐짓 모른 척하고는 내 속으로만 '화내는 거 다 보이거든요. 내 눈에 다 보이라고 일부러 더 씩씩대고 있지요!'

함께 운동하러 따라나선 큰애가 아빠 엄마의 몸과 마음 중간쯤에서 이쪽저쪽 눈치를 보느라 어쩔 줄 몰라하고 있다. 나는 당신하고 싶은 대로 하시오 하는 마음으로 혼자 서호도 돌지 않고 그냥 냅다 집으로 향했다. 아주 빠른 걸음으로 걸었다.

한참을 가다 보니 뒤에서 누가 쫓아오는 발걸음 소리가 들렸다. 큰애가 그 큰 키에 큰 발걸음인데도 불구하고,

"엄마 왜 그렇게 빨리 걸으세요?"라며 숨이 턱에 차서 쫓아왔다.

"너는 아빠랑 함께 가라고 혼자서 빨리 걸었는데 …."

나는 큰애한테 미안해 화를 감추고 변명을 했다.

'아! 이제는 아침 운동을 남편 혼자서 가라고 해야 할까 봐요.'

'내가 너무 옹졸한지, 남편 고집이 너무 센 건지 ….'

아무튼 운동하면서 생긴 엔도르핀보다는 화를 내서 생긴 아드레날린이 훨씬 많은 날인 것 같다.

뒷 이야기 …

집에 돌아와 조금 쉬고 나서 회장루를 갈아주면서, 기회는 이때다 싶어 아예 항복을 받아내려고 했다. 그런데 어쩐 일로 순순히 항복을 하는 게 아닌가!

'웬 일?'

엔간해서는 절대로 미안하다는 소리를 안 하는 사람인데 … 들어 보니 집에 들어오다 새들 때문에 혼이 났단다. 놀란 가슴에 문득 나한테 너무 심했다는 생각이 들었다고 했다.

그 말을 들으니 화났던 건 어디로 사라지고, 남편 혼자 운동하게 돼야겠다는 마음까지 모두 다 싹 달아나 버렸다.

난 어쩔 수 없나 보다!

아무튼 함께 운동할 때 엔도르핀이 팍팍 돈다니 내가 못 이기는 척, 져 주어야지! 항복도 했는데 ….

2009. 8.

40

이제 6개월로 시간을 벌어놨으니

어느 때보다도 더 떨리고 겁나는 중에 정기 검사 결과를 보러 목요일(22일)에 종양내과에 갔다 왔다. 검사 결과가 모두 좋다는 말과 함께 6개월 후에 보자고 한다. 얼마나 기쁘고 감사한지!

이번에는 일을 많이 해서 그런지 자꾸만 소화가 안 되어서 고생을 한참 동안 했었다. 그러다 보니 재발에 대한 염려로 인해서 당사자인 남편은 물론 나도 엄청 떨었다.

음식과 운동 모두 열심히 아주 열심히 했지만, 한번 소화가 안 되니까 그게 자꾸만 반복이 되었다.

어떤 때는 열흘 가까이 고생하기도 했다. 너무 심하면 응급실에라도 가야겠다는 생각까지 하면서 소화 불량과 씨름을 하다 보니 두려움이 어찌나 엄습을 하는지!

아슬아슬하게 응급실로 달려가지 않을 정도였기에, 정기 검사를 받을 수 있었던 건데 막상 검사 결과를 들으려고 하니 불안함이 엄습해 왔다. 그런데 검사 결과를 받아보니 모든 게 다 좋다고 해서 안심이 되었다. 이번 검사에서는 간까지 CT를 찍었다. 그런데 역시나 모두 좋은 편이라고 했다. 얼마나 기쁘고 감사한지!

3개월 후에 위와 장 내시경 검사를 하고, 회장루 복원 수술 날짜를 잡자고 했다. 겁 많은 남편은 벌써부터 내시경 검사에 신경이 많이 쓰이는가 보다. 남편과는 달리 나는 얼마나 날아갈 것 같고 행복한지!

늘 이런 결과만 있었으면 정말 좋겠다고 욕심을 부려보았다. 또한 이런 기분을 계속 유지하기 위해서 더욱 초심을 잃지 않아야겠다고 다짐하면서도, 요즘은 자꾸만 나태해지고 있는 것 같다고 스스로에게 채찍질도 했다. 처음 수술하고 퇴원한 직후에는 하루하루만 건강해도 감사하다는 마음이었다.

항암 치료할 때는 3주마다 건강하면 했다. 항암 치료가 끝난 후에는 3개월만 건강했으면 했는데 이제는 '6개월로 시간을 벌어놨으니, 그게 어디인가!' 하는 마음이다. 아주 지극히 자연스럽긴 하지만 어째 사람 마음이 참으로 욕심이 과하지 않나 싶다.

6개월도 그냥 보내는 것이 아니라 매일매일 운동과 음식을 조절하며 잘 관리해야겠지만, 아무튼 6개월 이후에 또 판사(의사) 앞에 서게 될 테니 그때까지는 아주 배짱이 두둑해질 정도의 여유가 생겼다.

2009. 10.

— 41 —

저물어 가는 한 해를
보내는 마음

올 한 해도 이제 저물어 간다.

그런데 예전의 나였다면, "아! 벌써 한 해가 가는구나"라며, 아쉬움이 가득 남아 왠지 마음 한 구석이 쓸쓸하다고 생각했을 텐데.

남편 수술 이후로는 한 해가 저물어 가는 게 어찌나 감사한지!

"아, 올해도 또한 은혜 가운데 건강하게 보냈구나!"라고.

이제 며칠 있으면 성탄절에 이어서 새해를 맞게 된다.

다들, 우리처럼 건강하고, 기쁘고 즐거운 날들이 계속되시기를 간절히 기도하게 된다.

2009. 12.

2007년 8월 대장암 수술 이후의
일상생활들

2007년 8월 초에 남편이 병원 응급실로 들어가 S상 결장암 4기와 간전이를 진단받았다. 진단받고 결장암 수술 후, 수술은 잘 되었지만 남편의 상태가 안 좋아 중환자실로 옮겨져 4일 동안 있었다. 남편이 일반 병실에 올라온 며칠 후에 몸 상태가 호전되자 곧바로 간에 전이된 암을 세 군데 고주파 치료를 받았다.

남편의 S상 결장암 수술 때 간에 전이된 암을 함께 수술하지 못했던 것은 S상 결장암으로 결장이 막힌 바람에 몇 주 동안의 음식물들이 배출되지 못해 소장까지 오염되어서 부패물로 꽉 차 간에 오염될 것을 염려해 고주파로 치료한 것이다.

일련의 과정을 거쳐 병원에 들어간 지 한 달이나 걸려서 퇴원했다. 그 후 약 1년 6개월이 넘게 항암 치료를 했다.

힘든 암이었기에 항암 치료를 오랫동안 했다. 수술한 부위의 결장이 너덜너덜해서 수술한 곳을 보호하기 위해 임시회장루를 가지고 퇴원했다.

항암 치료를 할 때는 입에 맞는 음식 위주로 차려 주었다. 그 이후에는 우리 경제 사정에 맞는 범위 안에서 항암 치료에 좋은 음식들을 찾았다.

제일 먼저 한 일은 간장, 된장, 고추장을 손수 집에서 담갔다. 음식에서 간을 맞추는 것이 중요하다는 생각 때문이었다. 그리고 남편은 음식을 수술 전에 비해서 2/3 정도씩만 먹었다.

대장암과 위암이 사촌 간이라는 말을 들었기에 항암 치료에는 음식도 중요했지만, 소화시킬 수 있는 것도 중요하다는 생각이었기 때문이다. 그리고 간에도 전이가 되었기에 음식은 아주 꼭꼭 씹어 먹는 습관을 들였다. 운동은 걷기 운동을 한다고 하면서도, 사실은 함께 산책하는 정도였다. 일주일에 3~4번, 1시간 정도하고 있는 편이다.

보통 새벽 기도를 하기 때문에 남편은 아침 식사 후에 2시간 정도 낮잠을 잔다. 목회자이기에 힘든 수술을 하고 퇴원해 목소리가 나오지 않는데도 첫 주부터 설교를 했다.

교회가 재정적으로 자립이 안 되었기에 번역도 했는데, 예전의 70% 정도 분량의 번역 일도 함께 하고 있다. 번역은 거의 중노동에 속하기 때문에 힘들어하지만, 남편은 힘들다고 생각되면 바로 쉬는 편이다. 노동으로 생각하지 않고 소일거리로 생각하니 힘들지 않다고 한다. 그리고 마음에 맺힌 것이 없도록 서로 대화를 많이 하고 있다.

대화에는 두 가지, 긍정적인 대화와 부정적인 대화가 있다고 하는데 우리가 늘 긍정적인 대화를 하고 있다고 장담하지는 못하지만, 그래도 거의 7할 이상은 긍정적인 대화를 하고 있는 편이라고 생각한다.

그리고 아이들도 남편의 치료에 한몫을 톡톡히 했는데 아이들은 부모에게 아주 순종적으로 변했고, 이를 통해 식구들 간에도 서로 한마음 한뜻으로 잘 뭉치게 되었다. 특히 막내는 아빠를 얼마나 잘 웃게 해 주는지, "저는 옥희랍니다"를 개그맨처럼 잘 흉내 낸다. 요즘은 6개월에 한 번씩 정기 검진을 받으러 병원에 가다 보니 언제 암 환자였나 까맣게 잊을 때도 종종 있다.

그러다 보면 환자에게 이것저것 요구하는 게 많아지긴 하지만, 그럴 때면 아차 하며 얼른 다시 처음 병원 응급실에 들어갔을 때를 생각하여 나 자신을 다그치곤 한다.

얼른 깨닫는 게 간호하는 내게는 힘이 되기도 하고 부족함을 부족한 대로 인정하면서 마음을 돌이키게 되어 내 마음속에 힘들다는 불만이 쌓이지 않으니 좋다.

겉으로 보기에는 거의 다 완치된 것 같아 보이지만, 아직 마음을 놓을 때는 아니라는 생각을 하며 남편의 암을 부담으로 느끼지 않고 아픈 사람이지만 남편이 살아 있음에 감사하는 마음을 갖게 된다. 그러면 내가 처한 환경에 지배받지 않게 된다.

나는 암 환자에게 중요한 것은 담당 의사 선생님을 신뢰하는 것, 환자 본인의 희망을 갖는 마음, 암 치료에 좋은 음식, 몸 상태에 알맞은 운동 이렇게 4박자가 잘 맞는다면 아무리 어려운 암이라 해도 잘 이겨 나가게 될 거라고 생각한다.

2010. 04.

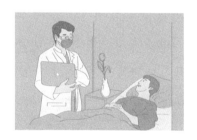

— 43 —

장루 복원 수술

일반 외과 정기 검사 날인 지난달 4월, 회장루한 지 3년 만에 장루 복원 수술할 날짜를 잡았다. 2007년 8월에 결장암 수술 뒤 지니게 된 임시 회장루를 처음 착용할 때만 해도 곧 장루 복원 수술을 할 수 있으리라 생각했었다.

그런데 시간이 지나 막상 복원 수술을 하게 되자 한 번은 의사 선생님이, 또 한 번은 우리의 사정 때문에, 3년이나 미루고 미루게 되었다. 수술 날짜를 잡았는데도 나는 결코 기쁘지만은 않다. 왜냐하면 복원 수술 이후의 여러 부정적인 증상들이 있다는 것을 안 뒤로 그것들이 내 마음을 차지하고 있었기 때문이다.

그러나 이제 더 이상 미룰 수 없는 상황이 되었다. 대장 내시경을 해야 하는데 S상 결장 때문인지 내시경이 장으로 들어가질 않아서 대장 상태를 알 수가 없어 부득불 장루 복원 수술을 해야만 하게 되었다.

나는 건강해진 남편을 향한 담당 교수님과 간호사 선생님의 축하 인사를 받고 나서야 마음을 바꾸게 되었다. '맞다. 축하받음은 그만큼 좋아졌다는 것이다' 하는 마음으로 바꾸고 나니 복원 수술 이후의 여러 가지 부정적인 증상들 때문에 눌려 있던 마음이 금세 자신감으로 바뀌었다. 마음이 바뀌니, 복원 수술 이후에 일어날 여러 가지 일들이 그리 두렵지만은 않게 여겨졌다. 또 여태까지 하루하루만 걱정하면서 살아오지 않았는가 싶었다. 마음이 바뀌니 모든 여건들과 환경이 다르게 보였다. 사람 마음이 참 간사하다!

　5월 14일에 있을 남편의 임시 회장루 복원 수술을 위해 기도 부탁해요. 퇴원 이후에 뵐게요.

2010. 5.

복원 수술 후 퇴원

어제 25일에 퇴원했다.

5월 13일에 입원하자마자 바로 물도 안 되는 금식, 14일 오후 2시에 복원 수술하기 위해 수술실로 들어가 수술 시간은 1시간 정도 걸렸다는데, 수술실에 들어가서부터 나올 때까지의 시간은 3시간 30분 정도 걸렸다.

수술은 다 잘 되었다고 했다. 그런데 수술한 다음부터 3년 전 S상 결장암 수술하기 전처럼 수술하고 나온 남편의 배가 다시 남산만 하게 빵빵해져 있어서 얼마나 긴장을 했었는지 모른다.

며칠 동안 빵빵해진 배 둘레를 간호사 선생님들이 잰다 만다하고 분주했었지만, 수술하신 교수님이 괜찮아지고 있다고 염려하지 말라 했다.

다른 누구보다도 남편을 3년 전부터 직접 수술한 분이니까 남편의 상태를 잘 알고 정확할 거라고 생각해 마음을 놓았다. 그래도 복원 수술한 배가 빵빵해져서인지 매일 아침 6시면 X-Ray를 퇴원하는 날 아침까지 찍었다. 아마도 배 상태를 알아보기 위해서라고 짐작만 했다.

입원하고 퇴원할 때까지 남편이 먹은 음식은 2주 동안 겨우 미음 한 끼, 죽 세 끼 먹은 게 다. 퇴원 후 집에 돌아와 마음이 편해서인지 아주 이쁜 황금색의 부드러운 변을 보았다. 회장루가 아닌 자신의 괄약근으로 3년 만에 처음 본 것이다.

남편이 감개무량하지 않을까!

2010. 5.

— 45 —

의로운 자들의 기도

 "내 친구 장루"라는 카페에서 장루를 복원한 후의 부작용과
고통 때문에 결국 영구 장루를 다시 하는 경우를 왕왕 들었다. 그
래서 나는 사실은 장루 복원에 대해서는 그리 큰 기대를 하지 않
았다. 아니 반대하는 입장이었다.

 혹시라도 너무 늦게 하는 바람에, 또 언제 암이 재발할지 모
르는 상황 속에, 또한 복원 수술 이후에 일어나는 온갖 어려움들
때문에 마음이 놓이지 않아 주님의 도우심을 간절히 구했다.

 14일에 수술받고, 17일에 수원에 내려왔다가 병원으로 올라갔
다. 올라가서 남편을 보니 배가 남산만 하게 부풀어 있었다. 들어
가자마자 간호사 선생님을 불러서 남편의 배를 보여 주었다.

 그다음 날부터 아침마다 배 사진(X-Ray)을 매일 찍었다. 또 배
가 얼마나 가라앉았는지 간호사 선생님들은 아침저녁으로 줄자
를 가지고 와서 배가 얼마나 줄었는지 쟀다. 나는 안 되겠다 싶어
서 병원 휴게실에 있는 컴퓨터에 1,000원을 넣고 인터넷으로 들

어가 "사모님들의 쉼터"카페로 들어갔다.

사모님들께 중보 기도를 부탁하자마자 바로 그날 저녁부터 배가 조금씩 가라앉기 시작하는 것 같아 보였다. 내 눈으로 본 걸 확인할 겸 간호사 선생님을 불러서 배가 조금 가라앉은 것 같다고 얘길 하니, 와서 본 간호사 선생님이, "잘 모르겠다"라고 하면서도 자로 재 주었다. 그런데 신기하게도 96센티였던 배가 94센티로 줄어 있었다.

간호사 선생님이 모르겠다고 할 때는 내 착각이었나 싶었는데, 자로 재고 보니 내가 본 게 맞았다는 생각과 함께 중보 기도의 힘을 눈으로 직접 확인을 하게 되니 어찌나 감사가 넘치던지!

사모님들의 기도를 주께서 얼마나 기뻐 받으시는지!

2010. 5.

— 46 —

작은 일조차 깨어있기를 원하신다

3년 전에는 정말 뭐가 뭔지도 모른 채 아무 준비도 없이 너무도 위급한 상태인지라 남편 소원이라도 들어주자 하는 마음으로 병원으로 들어갔다. 그때와는 다르게 이번 병원행은 입원 준비를 제대로 했다고 생각하고 병원으로 갔다.

가서 수술은 잘 받았지만 병원비가 문제였다. 남편의 병원비를 혹시라도 도움 받을 수 있을까 하는 마음으로 보건소에, 구청에 알아볼 만큼 알아본 다음에 병원으로부터 필요한 서류들을 준비해 가지고 월요일에 수원에 내려와 찾아갔다. 그런데 입원하기 전부터 알아보고 준비한 것과는 다르게 병원비를 지원받는 것이 어렵게 되어 일들이 꼬이고 힘들어졌다. 아마도 이번에는 우리가 어느 정도 준비가 되니까 준비한 대로 병원비를 치르도록 주님께서 인도하시는가 보다 하는 마음으로 바뀌었다.

그렇게 병원비 때문에 수원을 오르락내리락 세 번 하는 동안에 남편은 수술 사흘 뒤부터 배가 부풀어 오르기 시작했다. 20일에 구청 담당자가 출장을 가서 24일에 돌아온다고 하는 바람에 직접 갈 수 없어 큰애를 통해 24일에 미비된 서류를 갖추어 보내야 했다. 병원비를 지원받기는 힘들겠지만, 암튼 마지막까지 최선은 다해야겠다는 생각에서였다.

입원할 때, 큰애와 작은애가 장학금으로 나온 돈 200만 원을 챙겨 주었었다. 병원에 들어가면 병원비 외에 들어가는 돈이 얼마나 많겠느냐면서 …. 그러나 나는 병원에 있으면 식사 한 끼도 사 먹지 않는다. 그래서 돈 들어갈 일이라고는 병원비 외에는 없다. 장학금을 쥐어준 두 아이에게, "어쩜 이 돈으로 아빠 병원비에 보태야 할지도 모르겠다"라고 말했었다. 어쩐지 그 말처럼 될 것 같다는 생각이 들었다.

그렇지만 무슨 일이든지 최선을 다해야 후회가 없겠다는 마음에서 구청에 서류를 보낸 것이다. 준비한 서류들을 큰애에게 다 떠넘기고 나는 월요일 점심이 되기 전에 병실에 도착했다. 남편은 아침에 미음이 나와서 먹었다고 했다. 남편과 이야기를 하고 있을 때 곧바로 담당 주치의가 와서 내일 퇴원하라고 했다. 퇴원하는 일이 일사천리로 진행되는구나 생각하면서 퇴원해야 했다.

나는 준비해서 보낸 서류들이 처리되려면 며칠이 걸리는데 혹시라도 지원을 받더라도 퇴원하고 나면 적용되지 않기에 아이들의 장학금으로 병원비를 내야겠구나 하는 생각으로 얼른 흔쾌하고 시원스레 알았다고 대답했다. 그러고 나서 최선을 다했던 일에 대해서 궁금해졌다. 그래서 구청 담당자에게 전화를 했다. 그러자 결재가 퇴원하는 날 오후에나 나온다고 말을 해줬다. 결재가 나면 바로 병원비 지원이 된다고 했다. 그래서 입원실 간호사 선생님에게 오후에 퇴원하면 안 되겠느냐고 물었다. 그랬더니 내 얘기를 옆에서 듣고 있던 수간호사 선생님이 안 된다고 단호하게 말했다. 그러면서 "골치 아프게 생겼네"라고 말했다.

언젠가 어떤 환자의 딱한 사정을 봐주었다가 곤란을 겪은 이야기도 했다. 그리고 퇴원하는 날 점심은 나오지 않지만, 꼭 퇴원을 해야 한다고 강조에 강조를 더해 말했다.

3년 전에 어떻게 병원비를 내야 할까 하며 조바심 내며 병원 수납 창구가 있는 1층 로비로 남편과 내려와 1시간 동안 기도했었을 때처럼, 이번에도 결재가 날 때까지 인내하며 기다려 보자 생각했다.

같은 병실에 있는 사람들의 이목 때문에 병실에 있기 거북해 1층 로비에서 기도하는 마음으로 왔다 갔다 했다. 그러곤 오후 3시까지 결재 났다는 문자를 못 받으면 우리가 병원비를 내고 퇴원하리라 하는 마음을 먹었다. 그런데 12시가 되기 전에 문자가 왔다. 결재가 났으니, 원무과에 알아보라고 ….

사람에게 승부를 걸지 않고 주님께 초점을 맞춘 내게 주님께서 속히 응답하셨음을 깨달았다. 병실에 올라가서 일찍 퇴원하게 되었다고 간호사실에 알려주고는 편의점에서 사 가지고 간 죽으로 점심을 먹고 식후 30분에 먹어야 되는 약까지 챙겨서 먹고 무사히 퇴원할 수 있었다. 작은 여러 가지의 일들이 있었지만, 그 일들조차도 내가 할 수 있다고 자만하지 않고 내 힘으로 감당하지 않고 주님께 내려놓고 의지함에 대한 하늘 아버지의 선하신 응답이셨다.

'어떠한 작은 일에도

내 힘으로 감당하기를 원하지 않으시는 주님!

작은 일이라고 가볍게 여기지 않고

오직

주님만을 믿고 의지하기를 기뻐하시는

아버지 앞에

늘 나아가기를 원합니다.

나의 교만을 늘 내려놓고

모든 일에 겸손히 주님을 인정하고 주님을 의지하기를 원하는

저의 마음을 받으소서!

예수 그리스도의 거룩하신 이름으로 간절히 기도드립니다.

아멘!'

2010. 5.

47

엄마의 빈자리

예상치 못하게 2주간 가까이 병원에 있는 바람에 생긴 엄마의 빈자리가 아이들에게는 그래도 컸었나 보다. 큰애가 엄마의 빈자리를 메꾸기 위해 집에서 빨래며 밥이며 청소며 또한 아빠의 자리도 채워보려고 교회에서도 이곳저곳의 빈자리를 열심히 메꿨지만, 작은 애들에게는 엄마의 자리가 있었는가 보다.

화요일에 퇴원하고 나서 수요일부터 아이들이 다시 풀어져있다. 엄마가 없을 땐 그렇게도 잘하던 새벽 기도부터 단번에 일어나던 아침잠은 온데간데없다.

군소리 없이 큰오빠, 큰형 말을 잘 들었다고 했는데 ….

엄마가 집에 오자마자 집안이 다시 시끌벅적 되어 있다. 네가 잘했다. 내가 잘했다고 서로들 다툼이 일었다. 그러나 아웅다웅해도 식구들이 모두 제자리에 있는 게 행복이다.

남편이 회장루 복원 수술하러 들어가기 전에는 복원 수술 후의 관리 문제로 고민이 많았다. 그런데 이렇게 수술 후 퇴원하고 나서 아이들이 집안에서 아무 일 없었던 듯 서로 아웅다웅하는 일상의 모습을 보는 것만으로도 아무 문제없겠다는 담대함까지 생겼다.

어제는 다시 교회에 나가 공부방 아이들을 기다리며 말씀 보고 기도할 때 주님께서 주신 말씀이 있다. 상처 나게도 하시고, 상처를 꿰매기도 하신다는 말씀이었다. 비록 꿰맨 자리가 선명하게 남아있지만, 이제는 온전케 하신 주님께서 오직 주님만 붙잡고 의지하고 나아가게 하시리라 믿는다.

2010. 5.

48

거참! 이상한데

그제(7월 1일)는 복원 수술 후 대장 내시경한 결과를 듣기 위해 병원에 갔다. 오후 1시 40분에 예약이 되어 있어서 병원에는 1시 30분쯤 도착했다.

여유 부릴 시간이 안 되기에 얼른 접수를 하려고 하니, 이제는 재진을 하는 사람들을 고려해서 수납 창구로 가지 않아도 되게 수납 기계가 설치되어 있었다. 번호표를 뽑고 기다리지 않아도 되기에, 바뀐 환경이 조금은 낯설지만, 점점 편해지는 병원의 서비스에 한결 일 처리가 쉬워서 좋았다.

병원에 가면 예약을 했든 안 했든 또 어느 과에 가서 진찰이나 검사를 받든 지 무조건 번호표를 뽑고 기다려야 하는 번거로움이 있다. 일반 외과 앞에서도 초진 환자 이외에는 기계로 접수를 받아주니 아주 빠르고 좋았다.

금세 순서가 되어서 대기실로 가서 기다리니 교수님이 도착했다. 진료 순서가 앞이어서 진찰하러 들어가는 교수님을 보게 되었다.

교수님은 진찰실로 들어가기 전에 대기실에 앉아 있는 환자들을 한번 휘둘러보면서 인사를 하셨는데 그게 참 좋았다. 휙 하고 진찰실로 들어가는 것보다는 환자들 입장에서는 교수님의 친절함이 진찰받기 전부터 훨씬 기분 좋게 한다.

순서가 세 번째라서 금세 진찰실로 들어가니 보호자가 앉아야 할 의자가 없었다. 나는 그냥 서 있다가 서 있는 게 좀 계면쩍기도 하고 환자 차트를 보는 교수님이 불편해할 것 같아서 의자를 청해 앉았다.

한참을 컴퓨터에 저장되어 있는 차트를 들여다보던 교수님이, "허참!"하고는 고개를 갸우뚱했다. 환자 차트를 보는 교수님의 일거수일투족(一擧手一投足)이 환자랑 보호자를 얼마나 긴장시키는지, 남편과 나는 몹시 긴장을 하며 교수님 얼굴과 입만을 주시했다.

2007년에 수술한 후 곧 복원 수술할 수 있을 줄 알았다가 3년이나 지난 후에 복원 수술을 했기 때문에 더욱 긴장하며 무슨 말이 떨어질까 가슴이 쿵쿵 뛰었다. 또 지난주에 대장 내시경도 거의 3년 만에 했었기에 더욱 긴장이 되었다. 대장 내시경하면서 1cm의 용종이 있어서 떼어내 조직 검사까지도 했다.

그러니 얼마나 긴장이 되었는지!

그런데 다시 교수님이, "괜찮으시지요? 거참?!"이러는 거 아닌가!

긴장된 내가 얼른, "왜요, 이상한가요?"라고 교수님 말을 기다리지 못하고 물었다.

"3년 전에는 얼마나 어려웠어요. 그런데 깨끗하네요. 지난주 검사한 용종도 암은 아니고 …"라는 거였다.

'얼마나 기쁘던지!'

암 환자들이라면 누구나 다 나와 똑같은 마음이겠지만, 검사 결과를 들으러 갈 때마다 우리들의 마음은 모두가 다 같다는 생각이다.

이제 점점 시간이 지나면 지날수록 기다리는 진찰실 앞에서의 그 조마조마한 마음이란 얼마나 심장을 쪼그라들게 하는지!

그 조마조마한 마음만큼이나 검사 결과가 좋게 나오면 또 얼마나 날아갈 것만 같은지!

아마도 내 짐작으로 생각해 보면, 교수님은 자기 환자 중에서 그동안 남의 이야기로만 들었던 기적을 지금 직접 눈으로 보고 있다고 생각하지 않을까 싶었다.

암을 이겨낸, 그리고 이기고 있는 암 환자들 대부분의 고백이 암은 암이 생긴 것보다 치료하는 과정 속에서 어떻게 관리하느냐가 중요하다고 하는 것이다.

희망을 잃지 않고, 규칙적인 생활과 음식 조절, 적당한 운동, 스트레스를 받지 말 것을 부탁드린다. 그러면 우리처럼 교수님이 인정할 수밖에 없지 않을까 싶다. 그러다 보면 남편처럼 2년 시한부 선고를 받았을지라도 또 말기 암 환자들이라 하더라도 완치에 가까운 결과로 나타나게 되리라 믿는다.

나의 이 말을 들은 어떤 분은 봉사 활동도 추천해 주셨다. 그것도 치료 중에 좋은 방법 중 하나라고 생각한다. 또한 암 환자였다가 다 나으신 분들(암은 완치라는 표현을 안 한다고 들었던 것 같다)의 긍정적인 이야기들이나 경험담을 많이 많이 찾아서 좋은 것들만 내 것으로 만들어 참고하면 마음이 더욱 긍정적이고, 희망적으로 될 거라 믿는다.

2010. 7.

— 49 —

재발암 수술

장루 복원 후, 종양내과 교수님께서 정밀 검사를 받아보자고 말해 주어서 MR, PET검사를 7월 22일에 받았다. 보통 검사 결과를 보러 가기 하루 전에 병원에서 '내일 검사 결과 날입니다'라고 문자가 오는데, 7월 29일 검사 결과를 보러 가기 전날 병원에서 전화가 왔다.

문자가 아닌 전화는 처음이라서 의아해하면서 받았다. "통합 검진을 위해서 검사 결과 시간보다 일찍 병원으로 오라"는 내용이었다. 왜 그러느냐고 꼬치꼬치 묻는 내 말에 친절하게 대답해 주면서도 내일 더 자세하게 알 수 있을 거라는 말이었다.

다음날 병원에서 일반 외과, 종양내과가 아닌 통합 진료과로 오라는 통고를 받았기에 낯선 진료실로 들어갔다. 그곳에 우리 남편의 주치의인 일반 외과 교수님과 종양내과 교수님을 비롯하여 총 6분의 의사 선생님들이 죽 둘러앉아계셨다. 이런 일은 대장암 수술 이후 3년 동안 겪어보지 않은 일이라 어리둥절해하고 있는데, 일반 외과 교수님이 먼저 말을 했다. 간에 뭐가 보인다면서 아주 길게 설명해 주었다. 그러곤 수술을 받자라고 했다.

나는 무슨 말을 어떻게 들었는지도 모른 채 얼결에 그러면 어떻게 되는 거냐고 물으니 수술받을 수 있는 경우가 그래도 낫다는 말을 했다. 두려운 마음이 너무 커서 그 이상도 그 이하도 묻지 못하고 진료실에서 나와 그냥 앉아 있었다.

한참 동안 다른 환자들을 모두 진료한 후에 의사 선생님들이 한 분씩 진료실에서 나왔다. 다른 의사 선생님들 중간쯤 나오는 일반 외과 교수님께 다가갔다. 어떻게 된 일이냐고 하니, 수술을 해 봐야 안다고 한다. 그러곤 훌륭한 간담췌외과 교수님을 추천해 주겠다고 했다. 그리고 8월 7일에 입원하자라고 말을 하는데, 나는 그 말에 생각할 겨를도 없이 그러마 하고 대답할 수밖에 없었다. 나는 입원 날짜가 한 달쯤은 남아 있는 줄 알았다. 집으로 돌아오는 차 안에서 겨우 정신을 차리고 날짜를 계산하니 일주일 정도밖에 남지 않았다는 걸 그제야 알았다. 남편에게 "겨우 일주일 밖에 안 남았네"라고 말하니, "입원 날짜를 미룰까?"라고 한다. "글쎄 …"라고 대답만 하고 나는 집으로 돌아와 곰곰이 생각에 잠겼다. 무엇이 잘못되었던 걸까?

그러면서 남편에게 일주일 뒤에 입원하는 게 힘들면 날짜를 미루자라고 이번에는 내가 얘기했다. 남편은 괜찮다고 대답했다. 그래 어차피 겪을 일 미뤄봤자지 싶은 마음에 입원 날짜는 변경하지 않고 그대로 놔두었다. 일주일 동안 기도를 하면서 이 무슨 일인가 하고 쉬임 없이 주님께 물었지만, 무엇이라고 뚜렷하게 깨달아지는 게 없었다. 그러면 그냥 주님과 병원에 맡기자라고 결론지었다.

8월 7일(토요일) 입원해서 11일(수요일)에 수술을 했다. 동의서를 받는 날 레지던트 의사 선생님이 아주 친절하게 설명을 해 주었지만, 결론은 수술을 하고 일주일이 지나 봐야 어떤 것인지를 확실하게 알 수 있다는 말 뿐이다. 수술은 동의서에 쓰여있던 시간보다 2시간이나 늦게 시작한다고 했다. 나는 불안한 마음에 그저 안절부절못할 수밖에 없었다. 같은 병실에 있는 환자들도 나와 함께 기다려주며 힘이 되어 주었지만, 그래도 불안한 마음이 안정되지는 않았다.

드디어 수술이 완료되어 회복실로 갔다는 문자에 수술실 앞으로 갔는데, 1시간 후에 간호사실에서 얼른 올라오라고 했다. 나는 동관 수술실 앞에서 기다리고 있었다. 일반 외과 수술은 서관에서 하는데 무슨 정신이었는지 동관 수술실 앞에 있었던 것이다. 서관 수술실에서 수술한 남편이 입원실로 올라오고 있다고 했다.그 후 잘 치료가 되어 17일 만에 퇴원했는데, 퇴원 날짜를 받아놓고 일주일 후면 알 수 있다고 했던 레지던트 선생님께 결과에 대해 알려달라고 하니 3년 전에 전이된 암이 간에 아주 작게 있어서 그동안 검사에도 보이지 않다가 정밀 검사에서 나타나 수술하게 되었다는 말이었다. 이런 일도 있구나 싶으면서도 이제까지는 대장에 대해서만 눈 뜨고 귀 열고 했었는데, 이제부터는 간에 대해서도 다시 검색해 보기도 하고 관심도 기울여야겠다는 생각이 들었다.

남편은 대장암 수술에 비해 간에 전이된 암 수술 이후에 조금 더 아파했다. 대장암 수술 때는 가슴을 위아래로 배를 찢었는데, 간에 전이된 암 수술에서는 배를 가로로 찢어서 근육도 찢게 되어 고통이 좀 더 심할 거라고 했다. 또 회복 기간도 조금 더 길다고 했다. 지금까지는 회복도 잘되고 있어서 편하게 글을 쓸 수 있다. 그리고 처음에 가졌던 하루하루 건강을 체크하리란 생각을 더욱더 가지게 되었다.

남편의 간에 전이된 암 수술에 대한 이야기가 우리의 소식을 보며 희망을 가졌던 다른 분들께 혹 안 좋은 영향을 끼치지 않을까 싶은 마음에 이 글을 쓰는 걸 망설이게 되었지만, 이런 경우도 있구나 하는 것을 함께 나누며, 더욱더 투병 생활에 만전에 만전을 기하시기를 바라는 마음에서 용기 내어 쓴다.

사람의 심령은 그의 병을 능히 이기려니와 심령이 상하면 그것을 누가 일으키겠느냐(잠 18:14).

2010. 8.

Re: 재발암 수술(by 김희철 교수)

환자는 간암이 아니라 대장암의 간전이입니다.

간은 대장 수술 후 가장 흔하게 전이 혹은 재발되는 부위로 전체 재발 환자의 60%가 간전이이며, 간전이만 단독적으로 있는 경우는 전체 전이의 약 40% 정도입니다. 따라서 당연히 저희 카페에서 주로 다루는 전이 등에 가장 주요 부위이며 사실 수술 후 정기 검사의 상당수가 간의 상태를 파악하기 위한 것입니다.

간암이 아니라 대장암의 간전이이기 때문에 당연히 항암 치료제의 선택, 심지어 수술 방식도 역시 간암과는 차별적으로 대장암에 맞추어 선택하고 시행하게 됩니다.

간전이의 수술이 가능한 경우 5년 생존율은 약 45~50% 정도로 보고되고 있으며 재발률은 약 60~70% 정도일 것입니다.

"감사해요. 교수님! 교수님 말씀대로 처음에 간전이일 것이라고 말씀하시면서도 혹 간에서 발생한 것일 수도 있다고 하셔서 수술 후 일주일 뒤의 결과가 가장 정확하리라고 말씀해 주셨는데, 역시 간전 재발암이었습니다.

그리고 또한 말씀하신 대로 간전이가 또 있을 수도 있다고 하네요. 그래서 이번 9월 7일 외래에서 아마도 항암 치료할 지에 대해 정확히 알 수 있을 것 같아요. 정말 감사합니다."

2010. 8.

추천자 노트

재발 암인 줄 알고 썼던 저자의 글에 김희철 교수님이 바로 잡아 주신 글.

— 51 —

버거씨병

입원해 병실로 가는데 간호사실 앞에 한 청년이 소름 끼치는 신음 소리를 내며 휠체어에 앉아 있었다. 3년 전 응급실에서 만났던 교통사고 당한 청년이 생각나서 얼른 내 머릿속에서 지워 버렸다.

그때는 우리 남편을 살려 달라고 기도하는 마음으로 그냥 지나치지 못하고 그를 위해 기도하며, 그 어머니 되는 사람에게 말을 걸었다가 그리 달갑지 않은 표정으로 인해 그 이후 내 마음속 내내 속상한 채로 남아 있었던 것 같았다.

그때의 다급함이 없어서인지 그때처럼 간호사실 앞에 있는 그 청년을 위해 기도하고 싶지는 않았다. 그래도 혹시 하는 마음에 이번에도 '이 청년을 위해 기도해야 되는 것은 아니지요?'라고 주님께 물으면서 얼른 우리 병실로 도망치듯 쏙 들어갔다.

2인실에서 3일을 지내고 있는데 한 밤중에 6인실로 옮기겠느냐고 간호사 선생님이 와서 물었다.

밤 11시가 다 된 시간이라서 보통 그런 일이 없는데, 우리가 옮길 침대의 환자가 중환자실로 갔다고 했다. 2인실에 함께 있던 간 이식 환자가 몹시 아쉬워하는 것을 뒤로하고 짐을 옮겼다. 6인실로 가니 너무도 늦은 시간이라 옆 침대의 환자가 짜증을 냈다. 한밤중에 짐을 옮기느라 바스락거리게 되어서 미안한 마음에 짜증을 내는 그 환자의 침대 커튼을 쳐주며, "아! 미안해요. 얼른 이삿짐 옮겨놓고 조용히 할게요"라고 말하니 오히려 그 환자가 놀라며 되레 미안하다고 했다.

우리는 6인실 중간에 있는 침대를 배정받았다. 짜증 낸 환자는 이제 막 고등학교 졸업한 학생인데, 아버지에게 간 이식을 해준 학생이었다. 조심스럽게 그 밤을 지내고, 아침에 일어나니 우리의 침대 양 옆으로 한쪽은 간 이식해 준 학생이었고 또 한쪽은 바로 간호사실 앞에서 신음 소리를 냈던 그 청년이었다.

'아이고 이게 무슨 일이야!' 하는 심정이 되었다. 그리고 아침에 보니 남편의 침대 시트는 새로 갈아준 것이라 깨끗했지만 커튼은 이곳저곳에 피가 엉겨 붙어 있어서 내 마음이 몹시도 불쾌해져 버렸다. 바로 옆 침대의 오른쪽 다리가 절단된 그 청년의 흔적인 것 같았다.

이렇게 옆 침대로 만난 것도 주님께서 붙여주셨으려니 하면서도 내 마음을 다스리는데 한나절은 걸렸다. 그 청년은 남은 왼쪽 다리의 엄지발가락도 썩어가고 있었다.

그 청년은 6인실 병실에 있기가 불편한지 간호사실 앞에서 거의 하루 종일 지내고 있는 것 같아 보였다. 나는 간호사실 앞을 지나갈 때마다 고통으로 울부짖는 그 청년을 바로 옆 침대에서 낮 시간 동안만이라도 보지 않아서 다행이라고 생각했다.

그 청년의 괴로워 울부짖는 괴성도 괴성이지만 썩어가는 발가락에서 나는 냄새와의 싸움을 나는 밤마다 해야 했기 때문이다. 그 청년은 고통으로 인해서 항상 온몸이 진땀으로 흠뻑 젖어 있었는데, 그 땀과 썩어가는 발가락 냄새가 섞여서 나는 냄새 때문에 내 코가 다 마비될 정도였다.

내가 이 정도이니 남편은 어떨까 싶기도 하고, 그와는 별개로 냄새를 견디다 못해 정말 힘들고 짜증이 극에 달했다. 거기다가 이 정도도 못 견디냐는 나 스스로를 단죄하는 내면의 소리에 나의 부족하고 악한 모습이 자꾸 보여 이와의 싸움도 아주 격렬했다. 그러면서도 매일 마주치는 같은 병실 사람들과의 좋은 관계 유지, 남편을 시중드는 일들, 그리고 내 속을 제대로 직면하지도 못한 혼란 가운데서도 나는 얼굴에 미소를 지으며 지냈다.

아침을 먹고 난 후 간호사 선생님에게 우리 침대 커튼에 묻어 있는 핏자국을 보여 주며 커튼 좀 바꿔 달라고 하니 돌아오는 건 어렵다는 대답뿐이었다. 할 수 없어서 청소하시는 분께 청소 도구를 빌려서 커튼에 묻어 있는 핏덩어리는 떼어 냈다. 그러고 나니 조금 마음이 진정되었다. 얼마 지나지 않아 옆 침대 청년은 상태가 몹시 심각해져서 중환자실로 내려갔다. 이틀이 지난 후에 중환자실에 내려갔던 그 청년이 2인실을 거쳐서 다시 우리 침대 바로 옆자리로 도로 들어왔다. '아이고 하나님!' 싶었다.

병원 규정상 침대를 마음대로 옮길 수는 없지만, 그래도 환자가 사정을 하면 침대를 옮겨 주는데, 나도 그 청년이 우리 침대 바로 옆으로 다시 온다는 말에는 마음이 몹시도 흔들렸다.

"창가로 옮겨 달라고 할까?"라고 남편에게 물었더니 괜찮단다. 그런데 어쩐지 나도 옮기고 싶은 마음은 굴뚝같은데 옮기겠다는 말은 나오지를 않았다. 옆 침대로 다시 온 그 청년은 34살의 버거씨병 환자였다. 그 사람과의 만남이 그렇게 시작되었다.

이 청년은 담배를 피워서 병을 얻게 됐다고 했다. 그리고 우리와 만나기 전에는 그의 아버지가 청년을 돌보기 위해 자주 왔었다고 했다. 우리가 그 청년 옆 침대에 온 이후로 나는 그 아버지를 한 번도 못 보았기에 그 청년 혼자서 고통과 싸우는 걸 지켜봐야 했다. 그 청년은 고통과 더불어 같은 병실 사람들의 곱지 않은 시선과의 싸움을 벌이고 있는 중이었다.

나는 그 모습이 안쓰러워졌다. 그러곤 어쩐지 내가 나서야 할 것 같은 마음이 되어 있었다. 고통은 누가 대신 겪어줄 수 없으니 그가 혼자서 고통과는 싸우게 두더라도 병실 안에 있는 사람들의 곱지 않은 시선만큼은 내가 막아줄 수 있지 않을까 하는 터무니없는 생각까지 드는 것이었다. 남편은 그런 그를 위해 간절히 기도를 해주었다. 자신의 수술과 수술 이후의 고통은 잊고 그이를 위해 간절히 기도하는 모습에 나는 감동되었다. 그런 남편의 모습에 더욱더 감동이 되어 그이를 적극적으로 챙기기 시작했다.

목포에서 올라오신 82세 되신 어르신은 아예 나를 그 청년의 엄마라고 불러 주었다. 결국 그이는 담배를 끊지 못해 왼쪽 다리마저 절단할 수밖에 없게 되었다. 그런데도 담배를 못 끊어 무릎 바로 밑까지의 왼쪽 다리마저 또다시 절단했다.

그 청년은 내게 양다리가 다 절단된 수술 이후에 겪는 고통이 다리가 썩어 들어가면서 생기는 고통에 비하면 아무것도 아니라며 씩 하고 웃었다. 그렇게 말하고 나서도 그이는 수술 후 이틀이 지나 고통이 줄어드니까 또 담배를 피우러 다녔다. 같은 병실에 있는 분들이 목격한 것을 아기 엄마한테 이르듯이 나한테 와서 일러 주었다.

나는 간호사 선생님들이 담배 냄새가 난다고 야단칠 때 함께 거들어서 이제는 담배를 끊으라고 하는 말 이외에 그 어떤 말도 할 수 없는 관계다. 버거씨병은 폐색성 혈전 혈관염으로 말초 혈관이 썩어 들어가는 병인데, 미국의 레오 버거라는 사람이 처음 발표했다고 한다. 그래서 그 사람의 이름을 따서 버거씨병이라고 한다.

그이를 우리 옆자리로, 아니 병원에 입원해 있는 내내 우리와 짝이 되게 하신 주님의 뜻이 우리의 행동을 통해 그 병동의 많은 사람에게 향기로 나타나게 하셨음을 깨닫게 되었다.

2010. 8.

52

병원비

어제는 주보를 작성하는 남편 목사님께 오후 예배는 내가 간증하고 싶다고 얘기를 했다. 병원에 있을 때는 성경 말씀과 씨름하느라 내게 찬양을 주셨던 3년 전과는 달리 찬양을 별로 부르지 못했는데, 이번에는 퇴원하자마자 그날부터 '이전에 주님을 내가 몰라'라는 찬양 3절과 4절을 새벽 기도회 때부터 하루 종일 내 입속에서 떠나지 않게 하셨다.

3절
천하고 무능한 나에게도 귀중한 직분을 맡기셨다
그 은혜 고맙고 고마워라 이 생명 바쳐서 충성하리
4절
나하는 일들이 하도 적어 큰 열매 눈 앞에 안뵈어도
주님께 죽도록 충성하면 생명의 면류관 얻으리라

이 찬양이 내게서 떠나지 않아서 주일 오후 예배 때 간증해야 겠다는 생각을 가지게 되었다.

> 나의 하나님이 이미 그의 천사를 보내어 사자들의 입을 봉하셨으 므로(단 6:22).

이 성경 구절에서 딴 제목으로 병원비를 치르고 나온 이야기를 간증했다. 나는 지난 5월에 장루 복원 수술할 때와 이번 재발암 수술이 비슷한 병원비이겠거니 짐작하고 들어갔는데, 예상을 뛰 어넘는 병원비가 중간 진료비에 청구되었던 이야기부터 시작했다. '400만 원!'

전혀 예상치도 못했던 금액이 청구되자 어마 뜨거워라 하는 마음이 되었다. 사실 수술하는 날 거창의 어느 모르는 장로님이 항암 치료차 병원에 오셨다가 모아놨던 돈 200만 원을 주셨다.

그 장로님이 시무하는 교회 목사님과 내가 아는 사이였는 데, 그 목사님이 우리의 사정을 이야기했었던 것 같다. 나는 그 200만 원을 받고선 병원비 걱정은 뚝하고 그쳤다. 그런데 그 평 안함은 하루 만에 끝나버렸다. 이번이 3번째 수술이기에 병원에 입원할 때 주위의 누구에게도 알리지 않고 입원했다.

어쩐지 내 마음속에 남편의 세 번째 수술에 대해서 주변에 알리 는 게 민폐 끼치는 것 같다는 생각이 강해서였다. 그런데 생각보다 많이 나온 병원비 때문에 오히려 3년 전이 그리워질 정도였다. 그때 조금씩 병원비에 보태라고 보내주셨던 게 어찌나 그리워졌는지!

그러나 그때나 지금이나 기도하며 아산병원 지하 1층에 있는 병원 사회복지과를 찾아갔다. 그곳에서 복지사와 상담을 하면서 어찌나 눈물이 많이 나던지. 그 복지사도 내 이야기를 들으며 함께 눈물지어 주었다.

"이런 이야기, 하기 쉽지 않으셨을 텐데 … 잘 찾아오셨어요"라며 아주 친절하게 상담해 주었지만, 병원 사회복지과에서 후원해 줄 수 있는 대상에 해당되지 않는다며 다른 곳을 알아보라고 조언을 해 주었다.

그러고는 이곳저곳을 알아보던 끝에 경기도에서 시행하고 있는 복지에 대해서 한 번 더 알아보라고 권해주었다. 그게 아마도 가장 빠르고 큰 도움이 될 거라고 하면서 직접 전화번호까지 알려 주었다.

5월에 지원받았는데 어떻게 3개월 만에 다시 지원받을 수 있을까 의아해하면서도 병원 복지사가 조언해 준 대로 다시 한번 수원시의 긴급 의료 지원 제도를 통해 병원비를 지원받을 수 있게 되어 퇴원할 수 있었다. 그러면서도 퇴원하는 전날까지도 지난 3년 전과 지난 5월 같은 상황으로 흘러가지 않을까 노심초사하는 마음이었다. 두 번이나 퇴원해야 하는 날과 시에서 지원해 주는 긴급 의료비 결재가 아주 아슬아슬하게 겹쳤었기 때문이다. 이런 조마조마했던 기억이 내게는 커다란 두려움으로 남아 있어서 이번만큼은 그때처럼 조마조마하게 응답하시지 않았으면 하고 바랐다.

그런데 다니엘서의 말씀과 같이 병원비라는 사자의 입을 봉하시고, 이미 그의 천사를 보내 아슬아슬하게 병원비를 치르지 않게 되어서 여유롭게 퇴원할 수 있었다. 또한, 두드리라 그러면 너희에게 열릴 것이라는 말씀처럼, 한 걸음 한 걸음 나아갈수록 우리의 믿음의 문을 열어주시는 주님을 이번에도 만났다.

절벽에 다다라서 한 발 더 내디디라고 말씀하시는 그 말씀에 순종할 때에 예비하신 또 다른 문을 열어주시는 하늘 아버지를 다시 한번 만났다! 아산병원 교회 목사님께서 새벽마다 한 번씩 따라 하게 하는 말이 있었는데,

"찬송문 열리면 마음문 열리고,
마음문 열리면 기도문 열리고,
기도문 열리면 은혜문 열리고,
은혜문 열리면 축복문 열립니다."

문 열어 주시는 주님을 만난 저처럼 이 글귀를 자신의 삶에서 간증할 수 있는 여러분이 되기를!

2010. 8.

53

말하지 않아도

병원에 들어가면서 "그래 좋다. 믿음의 선한 싸움이다"라고 생각하며 들어갔다.

남편은 고통과의 싸움,

나는 입원비하고의 싸움.

병원에 들어가자마자 남편과 나는 소리 내어 성경 말씀을 읽으며 하나님 말씀과 씨름했다. 병원 교회 새벽 기도회가 6시부터 있는데, 한 시간 전부터 교회에 미리 나가서 성경 말씀을 붙잡고 얍복강가에서의 야곱처럼 씨름했다.

병실에서조차도 시간이 나든 안 나든 성경 말씀을 붙잡았다.

하나님 말씀인 성경 말씀을 붙잡고 씨름하는 나의 모습을 주님께서 보시고 이번에는 큰 두려움은 아예 근접하지 못하게 하셨다!

입원하자마자 2인실에 들어갔는데, 2인실에서 성경 말씀을 읽을 때는 옆에 계신 분이 한 분이라 그분께만 미안하면 되는데,

6인실로 옮기게 되니까 사탄이라는 놈이

"야, 늘 남을 배려한다고 하면서 성경을 읽으면 다른 사람들이 뭐라고 생각하겠냐. 너무 유난 떤다고 하지 않겠냐?"라고 공격을 했다. 그때 나는 사람을 좋게 하기보다는 하나님께서 기뻐하시는 편을 붙잡았다.

그랬더니 같은 병실에 있는 분들마다 모두 다 마음 문을 열고 자신들의 처지에 대해서 이야기를 했다. 한두 사람이 아니고 17일 동안 병실에 있는 내내 거의 모든 분이 우리와 함께 이야기도 하고 복음도 전해 듣고 했다.

그렇게 지내고 퇴원했더니, 큰 아이가 대뜸 "엄마, 어디까지 성경 읽으셨어요?"라고 물어 왔다. 큰애는 방학하자마자 남편과 나와 함께 성경 읽기를 시작했었다. 그러고 나서 입원하면서 각자 성경 읽기를 하자고 서로 약속한 것도 아닌데, 그렇게 물어보니 나는 속으로 놀라면서 "어디 어디까지 읽었다"라고 대답했다.

그러자 큰애는 "저보다 많이 읽으셨네요!"라고 말을 했다.

아마도 아빠의 치료를 위해 주님께 간절한 마음으로 구하면서 큰애도 성경 읽기에 올인을 했었던 거 같았다. 능하신 주님께서 큰애와 우리의 마음을 하나로 붙잡고 계셨음에, 또한 어미로서 아들에게 본을 보일 수 있도록 붙잡아 주셨음에 다시 한번 주님께 감사를 드렸다.

고난 당하기 전에는

내가 그릇 행하였더니

이제는

주의 말씀을 지키나이다

고난 당한 것이

내게 유익이라

이로 말미암아

내가 주의 율례들을

배우게 되었나이다

나의 영혼이

주의 구원을 사모하기에 피곤하오나

나는

주의 말씀을 바라나이다

나의 고난이 매우 심하오니

여호와여

주의 말씀대로

나를 살아나게 하소서

(시 119:67, 71, 81, 107)

2010. 8.

54

라이언 일병 구하기

어제는 큰애와 둘째가 오랜만에 TV로 영화를 보고 있었다.

"라이언 일병 구하기"

영화 제목은 많이 들어봤지만, 한 번도 본 적이 없었기에 함께 앉아서 같이 보았다. 영화를 끝까지 함께 볼 수 있는 시간이 없었기에 잠시 함께 보고 있었다.

아이들은 영화를 보면서 서로 자신들의 생각을 나누기도 했는데, 나도 아이들이 나누는 그 대화에 끼어들었다.

큰애인지, 작은애인지 누군가 말을 했다.

"결국은 라이언 일병은 아무것도 한 일이 없잖아."

또 누군가 그런 말도 했다.

"미국은 영화를 통해서도 자국민은 끝까지 지킨다는 메시지를 주는 거지."

그런데 나는 아이들이 말한 것보다는 라이언 일병이 자기의 자리를 지킨 것에 초점이 맞춰졌다.

"각자의 자리에서 자기의 자리를 지키는 것도 중요한 일이지" 라고 나는 말했다.

영화를 보고 나서의 대화는 그게 전부였고 그 대화를 하는 순간만큼은 내가 라이언 일병이 된 듯 말했지만 사실 내 마음은 그렇지 못했다. 입으로는 자리를 지켜야 한다면서도 마음 한편에는 이 현실을 꿈으로 치부하고 싶은 마음도 있었다.

병원에서 퇴원해 돌아온 지 하루 밖에는 지나지 않았지만 막상 내게 닥친 현실이 결코 만만치 않았다. 하지만 무너질 수는 없다. 남편의 재발암 항암 치료, 고3인 셋째 등등 무엇 하나 쉬운 일 없이 전부 내가 자리를 지켜야 하는 일이다.

요즘 고3인 셋째가 야간 자율 학습을 마치고 밤 11시가 넘은 시간인데도 곧바로 집으로 돌아오지 않고, 교회에 들러서 기도도 하고 피아노 치며 찬양도 드린다. 그리고 자투리 30분이라도 수능 준비를 하겠다고 해서 금요 기도회 후에 셋째와 함께 나도 교회에서 성경 보고 기도 하며 셋째의 공부가 끝나기를 기다렸다. 그러면서 하루는 세 번씩이나 수술을 받은 남편에 대해서 이런 생각이 들었다.

세 번이나 대수술을 받으며 남편은 얼마나 무섭고 겁이 났을까 하는 생각을 가지고 교회 문을 나서는데 셋째가 내게 물었다.

"아빠는 이제 괜찮으신 거지?"

"응. 괜찮으셔."

"근데 이번에도 항암 치료하게 되면 엄마는 또 아빠한테만 매달릴 거 아니야? 그럼 나는 또 어떡해. 다시 큰오빠가 다 해 줄 거야?"

고3 2학기로 들어와 이제 곧 수능인데 누가 고3인 자기를 서포팅할 거냐는 것이다.

"아니. 수술 끝나셨고 아빠가 죽이라도 드시게 되면 엄마가 널 돌봐 줄게"라고 말을 했지만 셋째가 왜 그런 말을 하게 되었는지를 금세 깨달았다.

2007년 4월에 아산병원에서 수술하기 직전 먼저 수원 빈센트 병원에서 S상 결장암 때문에 결장이 꽉 막혀 배변하지 못한 부패물들을 내보내기 위해서 결장에 스텐트(공간 확장 유지를 위해 사용하는 금속 구조물)를 시술하고 퇴원했었다.

그 해 5월에 m방송국에서 가정의 달을 맞아 암 투병을 하다가 임종을 맞은 분의 '아빠 안녕'이라는 프로를 아이들 학교에서 보여 주었다. 그 당시 중학생이었던 셋째와 넷째는 큰애나 둘째에 비해 더 큰 충격을 받았었다.

아마도 그때의 그 충격이 다시 되살아나서 하는 말인 걸 셋째가 말하는 동시에 나는 곧바로 알아들을 수 있었다. 엄마인 나도 나지만, 그리고 아픈 남편도 남편이지만, 우리 아이들에게 얼마나 한없이 미안하고 가슴이 아프기만 한지 …

그렇지만 이 모든 걸 다 아시는 하늘 아버지를 바라본다.

아이들의 아픔이나 또 우리의 어리석음과 미련함을 어루만져 주실 주님을 바라보며 주님 또한 우리의 아픔을 아시는 만큼 우리를 일으켜 세우시기에 얼마나 힘들고 아프실까 하는 마음이다.

우리의 모습이 비록 라이언 일병처럼 제자리만 지켰을 뿐이겠지만, 그래도 잘했다 칭찬하실 주님이시리라 믿는다!

또한 아무것도 모르는 가운데 겪는 아픔일지라도 그것을 견딘 아이들에게도 주님의 칭찬이 있을 것이라고 꼭 붙잡는다.

나의 가는 이 길 끝에서 나는 주님을 보리라!

영광의 내 주님 나를 맞아 주시리!

2010. 9.

55

외래 진료

'간담췌외과.'

우리 남편이 간전이 재발암 수술받은 진료과이다. 김희철 교수님이 말씀하신 대로 재발암 수술을 받고 퇴원한 후, 엊그제 외래 진료를 갔다 왔다. 생각했던 것보다 더 많은 곳을 수술했다고 설명해 주었다.

간 제거 수술 3군데, 고주파 1군데, 담낭 제거 수술!

"어려운 수술이었습니다"라고 담당 선생님이 말했다.

입원해 있을 때 옆 병실에 있던 여자 환자와 같은 시간에 수술했기 때문에 남편과 그 여자 환자와 함께 회복실에서 올라왔다. 그때 그 여자분에 비해 남편의 얼굴이 죽은 것 같이 보였는데, 왜 그랬었는지 설명을 듣고 한 달이나 지난 지금에서야 알게 되었다.

3년 전에도 S상 결장암 제거 수술 후 며칠 지나서 받은 고주파 두 군데 시술로 인한 미열 때문에 무척 고생했었다. 담당 선생님께서 이제는 다 제거했으니 안심해도 된다고 했다.

"이젠 우리 서로 안 보는 사이가 되었으면 좋겠습니다!"라고 명쾌하게 얘기하신 게 어찌나 시원시원하고 감사한지.

검사 결과를 들은 후에 그 선생님과는 예약도 하지 않고 나왔다. 앞으로 다시 종양내과와 일반 외과 교수님과 만나면서 잘 다스려가리라 다짐해 본다.

2010. 9.

56

둘째 군 입대

어제 남편과 큰애와 함께 둘째 입대하는 춘천에 갔다 왔다.

둘째는 친구와 함께 공군에 지원을 했다가 엄마 말을 듣고 마음을 바꾸어 다시 육군에 지원했다.

나는 둘째가 공군 복무 기간이 육군보다 길기 때문에 제대 후 대학교를 한 학기 늦게 졸업하게 될 것 같아서 육군에 지원하기를 원했다. 둘째는 엄마 말을 들어주어서 어제서야 입대를 했다.

그런데 둘째는 군에 지원해 입대하기로 마음을 정했으면서도 어찌나 힘들어하는지 지켜보는 내내 나까지도 마음이 심란해졌다.

'얼른 군에 들어가던지 해야지' 하는 말이 목구멍까지 올라오는 걸 가까스로 참았다. 왜냐하면 둘째를 군에 들여보내 놓고 나서 참지 못하고 한 말 때문에 스스로 후회할 걸 잘 알기 때문이다. 큰애 입대할 때도 의정부 보충대에 들여보내 놓고 돌아오면서 얼마나 마음이 아련하고 속이 아팠었는지 모른다. 그때도 남편은 수원 빈센트병원에서 잠시 퇴원해서 많이 아픈 중이었는데도 큰애가 입대하는 의정부까지 데려다주었다.

갈 때는 잘 갔는데, 큰애를 군에 들여보내 놓고 나서 돌아오는 길을 얼마나 헤맸는지 6월의 긴 낮시간임에도 불구하고 해가 져서 캄캄해진 다음에야 집으로 왔다. 서울 도로라면 잘 아는 내가 길 안내를 어떻게 했는지 정신없이 헤매다가 집으로 돌아온 기억이 생생하다.

이번 둘째가 입대할 때도 그때와 비슷한 마음이 될 것 같아서 큰애하고 남편과 셋이서 춘천까지 데려다주었다. 훈련소에서는 자녀들이 훈련소에 들어가기 직전에 부모님들께 큰절을 하게 했는데, 절을 하고 일어서는 둘째의 빨개진 눈가가 멀리 있는데도 다 보였다.

입대하기 전 둘째는 밤과 낮이 완전히 뒤바꾸어 생활하고, 내가 그렇게 성경 읽고 기도하라고 하는 말에도 "네네" 하고 대답만 철석같이 할 뿐 대답한 대로 하지 않아서 내 속을 꽤나 썩였다.

어느 날은 잠을 자다가 예배를 빼먹기도 했다. 그러면서도 입대하기 전전날인 주일까지 과외를 하며 내게 과외비를 생활비로 주기도 했다. 그러면서 입대 전날 나에게,

"엄마! 저 혼자 갈래요."

"왜?"

"엄마가 우실 거 같아서요"라고 씩씩하게 대답하더니만 오히려 둘째가 속으로 많이도 힘이 들었나 보다. 거기다 춘천으로 간 아이들은 대부분 강원도로 배치받게 될 거라고 하니 몸 아픈 아빠를 닮아서 다른 아이들에 비해 추위를 제일 많이 타는 둘째인지라 그것도 마음에 걸린다.

이래저래 더욱더 기도로 매진하게 하시는 우리 주님이심을 붙잡을 수밖에 없다.

2010. 10.

— 57 —

큰애

 군에 있을 때를 뒤돌아보는 것조차 즐겁지 않을 텐데도 동생이 군에 들어가게 되니 엄마를 위로하고자 큰애가 군에 있었을 때를 이야기해 주었다.

 2007년 7월에 군에 입대하자마자 아빠가 아산병원에 입원하는 바람에 부대를 배치받고서는 주임상사의 배려로 저녁에 아빠 면회를 왔다.

 "엄마 어떡해요"라고 근심 어린 얼굴로 말하는 큰애에게 "너는 군 생활에만 전념하면 돼. 그리고 성경 말씀과 기도에 힘쓰거라"라고 밖에는 달리 아무 말도 해 줄 것이 없었는데 큰애는 그 말을 꼭 붙잡았다고 했다. 그런데 어느 날 갑자기 제대 직전인 내무반 최고참이 주머니 털기를 했다.

 큰애의 주머니에서는 성경책밖에 안 나왔는데 최고참이 큰애를 보면서 기가 막혀하더니 큰애 바로 윗선임에게 "얘한테서 이게 나오면 너 알지"라고 했다고 한다. 그런데 두 번째 주머니 털기

에서도 우리 큰애한테서 성경책이 또 나오니까

"너 이게 뭐야?"

"성경책입니다!"

"읽어봐라!"라고 하길래 또렷이 성경을 읽었더니, 그대로 잠들어 버렸단다. 그리고 일병을 막 달자마자 큰애 관할 지역에서 일어난 총기 탈취 사건으로 후임 이병과 함께 무기고를 밤새 지키라는 명령에 군 행정병이었던 큰애가 힘이 들어서 어서 끝났으면 하는 마음이었는데 함께 근무하는 이병이, "ooo 일병님! 정말 기도하면 들어주십니까?" 하고 물었다고 한다.

그 말에 자신은 없었지만, 군에 들어와 기도하는 것마다 들어주시는 주님을 생각하며 "그래"라고 대답을 했는데 근무를 교대하고 내무반으로 오니 얼른 보따리를 싸라고 했다.

의아해하는 우리 애와 이병에게, "너희들 때문에 시간이 늦었으니, 얼른 보따리 싸! 상황 끝이야"라고 했단다. 나중에 그 후임 이병이 하는 말이 "우리가 근무 끝나고 올라가면 상황이 끝이 났으면 좋겠다고 기도를 했다"라고 한다.

또 한 번은 영창에 들어갔던 후임병이 큰애에게 고백했던 적이 있다고 한다. 그 후임이 일병일 때 아무것도 모르는 채 선임들의 군 폭력에 가담을 했었는데, 시키는 대로 혀를 담뱃불로 지지는 폭력을 했다가 군 수사 기관에서 행동이 너무 악랄하다고 해서 무기징역에 처할 거라는 겁주는 말에 그 후임은 잔뜩 겁을 먹었었다고 했다.

군 영창에 들어가서 생각해 보니 선임들의 폭력에 조금 가담한 게 너무도 큰 결과를 가져오는 게 하도 기가 막혀 어찌할 바를 모르다가 우리 큰애가 했던 말이 생각이 났다고 했다.

기도를 드리면 들어주신다는 말에 기도는 할 줄도 모르기에 영창에 있는 성경과 찬송을 들고서는 무조건 사도신경과 주기도문을 밤낮으로 읽었다고 했다. 그러고 났더니 3일 만에 풀려서 나왔다고 하면서 우리 큰애에게 간증 아닌 간증을 했다고 한다.

아무리 힘든 곳이라 할지라도 주님은 당신을 찾는 자들에게 함께하시는 분임을 큰애가 자신의 군 생활 동안에 겪은 일들을 얘기해 주어 식구들 마음을 놓게 해 주었다.

둘째가 지금 육군의 해병대라고 할 수 있는 수색대에 들어가 있어서 염려 아닌 염려를 하고 있는 엄마를 큰애가 크게 위로해 주었다.

2010. 10.

58

이제 다시 시작이다! = 초심 갖기

교수님을 비롯하여 카페 회원님들!

평안하시지요?

무소식이 희소식이라고,

이곳 카페 경험방에 불이 켜져 있지 않음은

다들 건강하시다는 뜻으로

저는 항상 해석하고 있습니다.

암튼,

저희는 8월에 간전이 재발암 수술하고 나서

지난 10월 29일부터

다시 항암 치료에 들어갔습니다.

엄마들이

첫아이 낳을 때와 달리

둘째를 낳을 때는 첫아이 때의 고통이 생각이 나

조금은 두렵고 꾀가 난다고들 하시더니,

꼭 그것처럼

다시 시작하는 항암 치료가 쉽지는 않네요.

그래도

처음에 4기로 수술 받고 항암 치료 받을 때와는 다르게

많이 건강해졌고, 힘도 생겨있으니

이번 항암 치료는 첫 번보다는 더 힘있게 받으려고

남편이 노력하고 있는 모습이 보이네요.

회원님들!

많은 응원바랍니다.

그리고 모든 분이 다 건강하시기를 기도드립니다.

2010. 11

3부

———

드디어
완치 판정

(간 전이 재발암 수술 이후 완치)

59

사랑하는 아들 둘째에게

이 편지는 국군 라디오에 채택되어서 전파를 탔다.

둘째야, 네가 입대한 지도 벌써 한 달이 넘었구나. 비록 네가 스스로 선택해서 군에 입대한 것이기는 하지만, 군 생활에 대한 막연한 걱정으로 고민하던 너를 춘천 102 보충대에 떨어뜨리고 오는 마음이 많이 힘들었는데, 율곡한울 카페에 매일 하루도 빠지지 않고 들어와서 점점 군인다워져 가는 네 모습이 우리 가족 모두에게 얼마나 감사하고 큰 기쁨인지!

작은 아빠가 "군대 갔다 온 대한민국의 남자들은 세계 어느 곳에 내놔도 가장 씩씩한 사람들이란다"라고 했는데 네 형이나 너를 통해서 그 말이 사실인 것을 깨닫고 있단다.

입대하기 전의 여리디 여린 모습들을 이제는 모두 벗은 네 모습을 카페를 통해 볼 때마다 아빠와 엄마는 얼마나 기쁘고 흐뭇한지 모른단다. 입대한 지 얼마 되지도 않았는데 아빠처럼 한 남자로서, 또 책임감 있는 어른으로 변해져 가는 모습들이 이 엄마를 얼마나 놀라게 하는지.

네게 있어서 가장 중요한 시기인 고3 여름에 갑작스러운 아빠의 대장암 4기 수술, 2년 밖에는 못 사신다는 것 등등 …

가장 힘들고 어려운 때를 잘 극복하고 Y대 물리학과에 4년 전액 장학금을 받고 들어가 항암 치료하시는 아빠에게 큰 힘이 되어준 네가 엄마는 참 고마웠단다.

전공인 물리학과 공부가 얼마나 힘든지 밤새워 공부하는 것을 밥 먹듯 하며 공부에 전념하는 네가 곧바로 군에 입대하기보다는 그래도 계속 대학원 진학, 그리고 연구원이 되어 기업체에 들어가 군 복무 기간을 대신하기를 은근히 바라고 있었단다.

다시 암이 재발하신 아빠와 간호하고 있는 엄마에게 큰 힘이 되어 주는 네가 뜻밖에 대학 3학년 1학기를 마치고 군에 입대하겠다고 해서 망치로 뒤통수를 얻어맞은 것 같았단다.

'하긴 넌 대학에 들어가고 나서는 엉뚱함으로 우리를 자주 긴장시켰지!'

물리학과 학생이 웬 펜싱 과목? 너의 교수님이 펜싱도 잘하신다고 너도 따라서 펜싱 과목을 듣지를 않나, 또 밴드 결성을 하지 않나, 작곡 동아리, 댄스 동아리에 들어가 활동하기도 하고, 전공과는 생판 다른 체력을 단련한다고 온갖 헬스 기구들과 씨름을 하며, 온 식구들에게 화젯거리를 제공했었지!

너의 그 엉뚱함이 엄마에게서 왔는지 모르겠구나.

왜냐하면 엄마의 진짜 마음은 네 형, 너, 그리고 네 동생 막내 이렇게 아들 셋 중에서 한 명은 해병대에 들어가 우리나라를 위해 진짜 사나이다운 사나이가 한 명쯤은 우리 집안에 있어도 좋겠다고 생각하고 있었거든.

그러나 셋 중에 제일 약한 너는 아니라고 생각했는데 하필이면 네가 육군에서도 해병대와 같다는 수색대에 지원했다고 해서 어찌나 놀랐는지!

그러나 이제는 엄마의 생각보다는 네 판단이 옳았다는 것을 조금씩 깨달아가고 있단다. 하루라도 빨리 너를 만나고 싶은 마음에 아침 일찍 들어가 보는 율곡한울 카페가 엄마에게는 그날그날의 청량제와 같단다.

훈련에 임하느라 바깥소식은 전혀 알지 못하는 너를 생각하면 엄마 마음 한구석이 아리지만, 그것만 뺀다면 카페를 통해서 알게 된 요즈음의 군대 환경이 군에 아들을 보낸 모든 부모들에게는 예전과는 너무도 달라져 있음에 감사로 하루를 시작하게 되는구나. 게다가 어제는 우리 가족들에게 얼마나 기쁘고 반가운 하루였는지!

너의 훈련 수료식을 동영상으로 볼 수 있었고, 그리고 직접 부사단장님과 악수를 하며 소리 높여 관등 성명을 대는 절도 있는 네 목소리를 직접 듣고 나서는 아빠엄마는 그만 반해 버렸단다. 그리고 자대 배치받고 나서 걸려온 네 전화는 우리 가족들에게는 커다란 선물이었단다.

　너를 102 보충대에 떨어뜨리고 온 다음다음 날이 너의 생일이었잖니? 큰 키의 우리 집 사랑스러운 막내가 형은 군대에 가 있지만, 형을 생각하면서 형 몫까지 우리끼리라도 작은 형 생일 파티를 하자고 조르는데도 아빠엄마는 차마 네가 없는 네 생일 파티를 할 수가 없어서 그냥 지냈는데, 네 전화를 받은 어제가 바로 네 생일 파티를 한 것과 같은 날이었단다.

　엄마가 학원에서 아이들을 가르치고 있을 때, 갑자기 콜렉트콜로 전화가 걸려 와서 "저예요!" 하길래 전화 너머의 굵은 목소리가 너라고는 전혀 생각지 못하고 보이스 피싱이라고 생각해 그냥 끊었는데, 나중에 아빠에게서 네 전화였다는 말을 듣고 나서는 얼마나 아쉽고 속상했는지 모른단다.

　'아유 그냥 받을 걸, 받을 걸!' 하며 후회가 막심한데 그 마음을 알고나 있었다는 듯이 다시 걸려온 네 전화를 받고 얼마나 기쁘고 좋았는지 모른단다!

　그동안 너를 빨리 보고 싶은 마음에 네 훈련 중대장님께 카페 글을 통해서 훈련 수료식을 보러 갈 수 있느냐고 몇 차례 묻기까지 했는데, 이렇게 네 목소리를 직접 들을 수 있으리라고는 꿈에도 생각지 못했기 때문에 더욱더 기뻤단다.

　그리고 우리 집의 유일한 딸, 네 여동생이 이제 마지막 수능 준비로 많이 애를 쓰고 있는데, 그곳에서 너무 염려하지 말고 여동생을 생각할 때 네 고3 때를 생각하며 기도해 주기 바란다. 수능 끝나고 나면 오빠 면회 가도 되겠느냐고 묻는 아이에게 합격하고 나거든 이야기하자고 했단다.

항암 치료받고 계시는 아빠는 안 되시더라도 엄마와 큰형은 네 면회가 허락되면 바로 면회를 가려고 생각하고 있단다.

사랑하는 둘째야!

몸이 약한 너만은 자원했더라도 수색 대대에 가지 않기를 바랐던 엄마의 생각과는 달리 이제 수색 대대에 배치를 받았으니, 다른 곳에 근무하는 것보다 조금 더 힘든 군 생활을 하게 되었지만 어느 곳에서나 다 마음먹기 아니겠니?

항상 우리 가족들의 생활 모토대로 5리 가자고 하면 10리를 가겠다는 마음으로 군 생활에 임하기를 바란다. 아직도 목소리에 비염이 있는 것 같은데, 건강에 더욱 힘쓰고 항상 군 생활에 충실하고 건강하기를 기도하며 … 샬롬!!^^

사랑하는 엄마가

2010. 11.

— 60 —

재발암 3차 항암 치료

어제 아이들을 학원에서 가르치고 있는데, 아이들이 "선생님, 밖을 보세요. 눈이 엄청 내려요"라고 했다. 예전의 나였으면 내리는 눈을 보며 즐거워했을 텐데 … 어제 내리는 눈은 즐겁기는커녕 저절로 기도가 나왔다.

내일이 바로 남편이 3차 항암 치료하러 가는 날인데 하는 마음부터 앞섰다. 아이들을 가르치다 말고서는 얼른 두 손 모으고 기도를 드렸다.

'주님! 이 눈 때문에 내일 병원에 다녀오는 길이 힘들지 않게 하소서.'

기도를 드리고 나니 바로 눈이 그쳤다. 눈이 엄청 내릴 기세로 바깥은 낮인데도 온통 어두컴컴했었는데, 바로 눈이 그치고 날씨가 개었다.

오후 3~4시 경이라 구름이 물러가니 바깥이 다시 환해졌다. 그런데 조금 지나니 다시 어두워지고 조금 전의 어두움보다 훨씬 더 컴컴해지며, 눈발이 엄청난 기세로 다시 흩날리기 시작했다. 다시 눈을 감고 두 손 모으고 기도를 드렸다. 그러고 나서는 아이들 시험이 바로 내일이라서 아이들을 가르치는 데 여념이 없었다.

기도드린 것도 잊고 수요 예배가 있는 날이라서 아이 한 명만 원장님께 맡기고 6시가 조금 넘어 밖으로 나왔다. 눈이 엄청 내린 줄 알았는데, 길거리에는 눈이 조금밖에 없었다.

감사한 마음으로 집으로 돌아오며 내일 새벽 기도 갈 때 길 미끄럽지 않게 해 주시면 참 좋을 텐데 하고 기도했다. 간간이 흩날리는 눈 사이로 하늘을 보며 주님께 내 마음을 올렸다.

오늘 아침 일찍부터 서둘러 병원으로 향했다. 무엇이 그리 피곤했는지 서울로 향하는 버스 안에서 그냥 졸며 졸며 병원으로 갔다. 차가 조금 늦는 바람에 예약 시간보다 30분이나 늦었다.

병원에서 바삐 움직이며, 모든 일을 끝내고 오후 5시가 넘어 집으로 돌아오고 있는데, 학원 원장님이 전화를 해왔다.

"사모님! 목사님 병원 잘 다녀오셨어요?"

아직 내려가고 있는 차 안이라고 하니 대뜸,

"아침에 우리 동네에 눈이 많이 내려서 학원 애들을 학교에 태워다 주려면 고생깨나 하겠다고 생각했는데 학원에 오니까 눈이 전혀 없네요"라고 뜬금없이 얘기를 했다. 나는 그런가 보다 하고 생각하다가 "아하!" 원장님을 통해서 주님께서 기도에 응답하신 것을 알려주셨다는 걸 깨닫고 얼른 감사 기도를 드렸다. 너무도 세심하게 기도에 응답하시는 주님께 감사와 함께 떨리는 마음으로 주님을 찬양하며 돌아왔다.

2010. 12.

61

큰절

내가 요즘 하나님께 붙잡혔는지, 아니면 학원 원장님한테 붙잡혔는지! 시험 때만 되면 밤에 잠을 못 잔다고 하는 원장님 말에 나도 모르게 기도드리며 아이들을 가르쳤다!

사실 아이들을 가르치면서 물고기가 물을 만난 양 얼마나 신나고 재미있는지 모른다. 아이들에게 주님의 사랑을 듬뿍듬뿍 줄 수 있으니 감사하고, 시간 틈틈이 예수님에 대해서 이야기할 수 있으니 기쁘고, 가르치는 일도 즐겁고 기쁘니 재미가 있고, 일석이조가 아니라 일석삼조, 사조인데 …

지난번 중간고사 때도 힘을 다해 가르쳤고 수학 경시대회 준비도 대충대충 하지 않았고 이번 기말고사에도 열과 성을 다해 아이들을 가르쳤다. 학원 원장님보다도 더 늦게까지 남아서, 그리고 토요일까지 나가서 아이들을 가르쳤다. 그런데 시험 끝난 어제 학원에 나가기도 전에 전화가 왔다.

"사모님! 몇 시에 학원에 나오실 거예요?"

나는 그동안 시험 대비하느라 오후 1시에는 학원에 나갔었다.

이제 시험이 끝났으니 예전에 나가던 시간인 오후 2시쯤 나가려고 생각하며 전화기에 대고 2시까지 나가겠다고 했다.

"얼른 오세요. 자랑하고 싶어서 못 견디겠어요. OO이가 올백이랍니다."

OO이라는 여자아이는 2학년이다. 처음 학원에 나갔을 때, 원장님이 세 명의 아이들을 내게 맡겼다. OO이와 3학년 남자아이, 그리고 2학년의 남자아이를 맡겼다. 3학년 남자아이는 도통 문제를 가르쳐 달라고도 안 하는 아이고, 2학년의 또 다른 남자아이는 자기 학년에 조금 못 미치는 아이였다.

OO이는 늘 딴 곳에 시선을 두고 전혀 공부에 관심을 갖지 않는 아이였다. 엄마가 병원에 있어서 할머니가 키우는 아이라고 했다. 신경이 예민하고 엉뚱하고 이야기도 전혀 안 하는 아이였다. 엄마가 병원에 있어서 돌봄을 못 받아서인지 도통 입을 열지 않았다. 그 아이를 위해 기도하며, 달래기도 하며 아이의 학습 의욕을 고취하기 위해 부단히도 씨름을 했다.

아이들을 가르치기 위해서 아이들 한 명 한 명 개성에 맞추어 가르쳤지만, 유독 OO이와의 신경전을 아주 세심하게 해야 했다.

그런 그 아이가 2과목 보는 시험에서 올백을 맞았다고 하니 나도 믿기지가 않았다.

볼 일을 서둘러 마치고 일찍 학원에 나간다고 했지만, 밀린 일들 때문에 2시가 넘은 시간이나 되어 학원에 도착했다. 그런데 원장님이 대뜸 아이들을 데리고 와서는 내게 큰절을 시키는 것이었다. 원장님이 가르친 반보다도 시험을 더 잘 봤다고 하면서 말이다.

시험 전날 나는 아이들에게 "내일 시험 잘 봐. 선생님은 병원에 가서 못 나오지만 다들 기도드리며 시험 보거라" 하고 머리에 손을 얹고 기도해 준 다음에 집으로 돌려보냈었다.

그런데 주님께서 나를 세워주신 것이다. 사실 우리 교회에는 교회 학교 아이들이 아주 적었다. 그 아이들을 내가 혼자서 교회에서 공부방을 열어 무료로 가르쳤는데, 남편이 항암 치료도 받아야 하고 또 나 혼자서 가르치기보다는 학원에서 공부하는 게 더 좋을 거 같아서 교회 옆의 보습학원 원장님한테 사정 이야기를 했다.

우리 교회 아이들을 무료로 공부하게 해 주면 나도 학원에 강사료 받지 않고 2시간씩 아이들을 가르치겠다고 했었다. 그리고 무엇보다도 크리스마스 때면 교회에서 성탄 발표회를 하는데 그때 우리 교회의 적은 아이들과 함께 학원에서 아이들을 꿔다가 함께 성탄 발표 연습을 하면 좋을 거 같아서였다.

학원 아이들이 꼭 교회에 나오길 바라서라기보다는 학원에서 공부 끝난 다음에 집에 가기 전에 잠시 교회에서 나눠 주는 간식도 먹고 또 평소에 교회 아이들에게 영어 연극을 연습시키기에 여러 가지 면에서 좋을 거 같았기 때문이다.

교회에서 보내는 시간이 자유롭다는 걸 알려주면서도 영어도 배우고 간식도 먹고 하면 아이들에게 좋은 기억으로 남게 될 걸 알기 때문이다. 그런 생각에서 시험이 끝난 다음에 원장님한테 허락을 받으려고 했었다. 그런데 OO이가 올백을 받는 바람에 오히려 수월하게 말을 할 수 있게 되었다.

덕분에 학원 원장님한테 흔쾌히 허락을 받을 수 있었다. 그래서 월요일부터 학원 아이들에게 1시간씩 영어 연극과 찬양을 가르칠 수 있게 되었다. 학원 원장님한테 붙잡힌 게 아니라 하나님께 붙잡힌 것이 분명하다.

2010. 12.

62

고요한 밤, 거룩한 밤

올해도 작년과 마찬가지로 우리 교회는 새벽송 없는 크리스마스를 맞았다. 남편이 아픈 이후로 우리 교회는 근 몇 년간 새벽송을 못 했다. 새벽송 없는 크리스마스를 맞게 되니 마음이 편치 않았다.

그래서 올해는 그냥 지나가고 싶지 않은 마음이었다. 또한 그동안 받았던 많은 사랑들을 가지고만 있다 보면 우리 안에서 고인 채로만 남아 있을 것 같아서 교회 학교 아이들에게 나누어 주어야겠다는 마음을 갖게 되었다.

산타클로스로 불리는 성 니콜라스와 같이 이번 성탄절에는 우리 교회 아이들 가정 가정마다 찾아가 주님의 사랑을 전하고 나니 새벽송을 돌지 않음에 대한 아쉬움과 미련이 남지 않는다.

사랑의 선물을 하나하나 예쁘게 포장하고 꾸미면서 우리에게 주신 주님의 선물이 더욱 크다는 생각이 든다. 모두들 경제적인 어려움으로 인해서 온 세계가 성탄절을 조용한 가운데 보낸다는 소식 가운데 마음이 어둡지는 않으신지?

어두운 가운데 빛이 더욱 빛나듯이 이 세상의 어둠을 밝히 밝혀주신 아기 예수님으로 인해 기쁨과 평안과 축복이 함께 하시는 성탄절이었으면 합니다.

메리 크리스마스!

해피 뉴 이어!

2010. 12.

63

눈

눈이 온다는 일기 예보에 어제 "주님! 눈 오지 않게 해 주세요" 라고 기도하며 마음 편히 잠자리에 들었다. 남편이 항암 치료하러 가는 오늘, 새벽에 일어나니 으악 소리가 저절로 나왔다.

그동안 아주 작은 기도에도 아니 신음 소리에도 응답하신 주님께서 어쩜 새하얀 눈을 소복이 밤새 아무도 몰래 이처럼 많이 내리셨을까?

"주님! 어떻게 눈길을 뚫고 병원엘 다녀와야 합니까?"라고 볼 멘소리를 올려 드리며, 새벽 기도회 드리러 교회로 향했다. 집 대문을 나가니 옆집 할아버지가 염화칼슘을 차바퀴가 지나갈 수 있도록 뿌리고 계셨다.

교회에 눈 치우는 넉가래가 없어서 집에서부터 가지고 밀며 나갔다. 교회 옆 건물 주인이 캄캄한 중에도 담배를 피우고 있는 게 눈에 띄었다.

"안녕하세요"라며 인사를 건넸다. 평소엔 조금은 쌀쌀한 양반인데 어쩐 일인지 반가이 인사를 받았다. 내가 봉사하고 있는 학원 건물 주인인데, 원장님하고는 사이가 안 좋은 편인데도 내 인사를 받아 주어서 고마웠다.

그런데 그분이 밤새 인도에 쌓인 눈들을 치우고 있었는지 쌓여 있는 눈들이 하나도 없이 인도가 말끔했다. 그러곤 내가 가지고 나간 넉가래를 빼앗다시피 해서는 우리 교회 앞 인도까지 큰애와 함께 깨끗이 눈을 치워 주었다.

나는 새벽 기도가 끝나자마자 집으로 얼른 돌아와 아이들 등교 준비를 부지런히 시키고 나서는 아침 7시 반에서야 병원으로 가기 위해 버스 정류장으로 급히 갔다. 병원에 타고 가야 할 버스 배차 시간이 30여분이나 되기 때문에 배차 시간에 맞추어 달리다시피 하며 버스 정류장에 도착했더니 도착하자마자 5분도 안 되어 차가 왔다. 눈이 내렸기 때문에 자가용들을 안 가지고 나왔는지 거리에 차들이 별로 보이지 않았다.

나는 버스를 타면 별로 졸지 않는 편인데 오늘따라 버스 안에서 졸며 졸며 버스를 타고 갔다. 버스 라디오에서는 9시 5분 뉴스가 끝나자 양희은과 강석우가 진행하는 프로그램이 흘러나왔다. 양희은이 아침 방송국에 올 때의 이야기를 하며 "밤새 제설 작업을 해서 얼마나 길이 뻥 뚫려있는지 모른다"고 하는 말에 잠이 확 깼다. 깼더니 벌써 우리가 내려야 할 잠실이었다. 잠실에서 내리면 아산병원까지 택시로 이동하는 게 편해 늘 택시를

이용한다. 병원에 도착해서도 모든 일이 순적하게 되어서,

먼저 접수하고

채혈 검사,

종양내과에 접수,

순서에 따라 종양내과 검진,

다시 병원비 수납하고

주사실에 또다시 접수

그리고 주사약 제조.

남편이 맞는 주사약은 옥살리플라틴인데 제조하는 시간이 1시간 정도 걸리기 때문에 그 시간에 남편과 함께 점심 식사를 하면 딱 맞는 시간이 된다. 그리고 약 처방전을 가지고 약국으로 가서 젤로다를 받아서 오면 항암 주사를 맞는 시간과 거의 맞아떨어진다.

그러곤 2시간 동안 항암 주사를 맞는데, 그때는 남편이 얼마나 괴로워하는지 지켜보는 내게도 아주 힘든 시간이다. 그럴 때마다 주님께 조금만 덜 아프게 해 달라고 기도드린다. 그런데 군산에서 오신 분이 옆 침대에 계셔서 서로 이야기를 주고받을 수 있어서 2시간이 어떻게 지났는지 모르게 주사를 맞았다.

보통은 주사 맞는 시간이 환자들에게 너무도 힘들고 괴로운

시간이라서 빨리 지나가게 하기 위해 각 침대마다 컴퓨터 모니터 크기의 TV가 한 대씩 있는데도 괴로울 때는 1초가 여삼추와 같아서 TV도 눈에 안 들어온다고 한다. 그런데 사람들과의 대화 시간이 대체할 수 없는 귀한 약과 같다는 생각이 들었다.

그리고 이같이 2시간을 금세 지나가게 하셨으니, 모든 것을 앞서가시며 준비해 놓으시는 참 좋으신 주님이시다. 거기다가 내려오는 길은 또 얼마나 기가 막히게 준비를 하셨는지, 항암 주사 맞고 내려올 때는 남편이 너무도 힘들어하기 때문에 집까지 항상 택시로 내려온다.

처음에는 잘 모르는 가운데 5만 원이나 택시비를 들여서 내려오곤 했었는데, 자주 오르내리다 보니 이제는 길을 훤히 알게 되어서 어떻게 하면 택시비가 절약되는 길인지를 알게 되었다. 조금 복잡하기는 하지만 그 길을 안내하며 내려오게 되면 택시비가 1만 원은 절약이 된다.

그 길로 택시 기사를 안내하며 오는데 그 길도 얼마나 뻥하고 뚫어 놓으셨는지, 집에 도착하니 택시비가 3만 3천 원도 안되게 나왔다. 기분 좋게 잔돈을 택시 기사님께 드리고 새해 축복 인사까지 할 수 있었다. 새벽 기도 때 내 기도를 들어주지 않았다고 볼멘소리를 올려드렸음을 깨닫고 얼른 죄송하다고 주님께 말씀드렸다.

2010. 12.

64

오랜만에

작년 8월에 간전이 재발암 수술 이후 올해 4월까지 8차까지의 항암 치료를 모두 잘 끝냈습니다. 지난달 7월에 3개월 만에 받는 정기 검사도 잘 받았고 결과가 괜찮다는 말과 함께 다시 3개월 후에 뵙자는 말을 듣고 발걸음 가볍게 돌아왔습니다.

그동안 남편보다는 아이들로 인해 분주했었던 지난해와 올해였습니다. 큰 애는 군복무 마치고 대학에 들어갔고, 둘째는 3학년 1학기를 마치고 수색대로 지원해 복무 중이고, 셋째는 이제 새내기 대학생이 되었고, 막내는 예비 고3이라 온 식구들이 조심조심하고 있습니다.

늘 지금이 가장 행복한 때다 하고 생각하며 잘 지내고 있습니다. 다들 잊지 않고 기억해 주시니 감사합니다. 덕분에 어젯밤에는 예전에 쓴 글들을 보면서 다시 한번 초심으로 돌아가야지 하는 마음을 다졌습니다.

요즘은 우리 남편이 옛날 2007년 처음 대장암 수술 이전처럼 되돌아가 이곳을 몰랐던 때처럼, 암이라는 놈이 없는 것처럼 아예 잊고 지내고 있었습니다. 자주라고는 말 못 하지만 가끔씩 들어와 근황을 간략하게나마 남기려고 합니다.

모두들 늘 건강하시기를 간절히 기도드립니다.

2011. 8.

65

여태까지 해 오던 대로

어제는 3개월 만에 받은 정기 검사 결과를 보는 날이었다. 어느 분이 날이 가면 갈수록 검사 결과에 대해서 두려워진다고 했는데 나도 마찬가지가 되어 간다.

지난주에 CT, X-Ray, 피검사를 하고 어제 종양내과에 결과를 보러 갔다. 가기 전에 어찌나 마음이 안정이 안 되는지 아무것도 손이 잡히질 않고, 여러 사람들과의 만날 약속을 잡아야 하는데 잡을 수도 없었다.

두 달 전만 해도 암을 아예 잊고 살고 있다고 생각했는데, 또다시 병원에서의 검사 결과를 들어야 하는 사실 앞에서는 새록새록 지난 두려움이 떠오르고 검사 결과에 대한 중압감까지도 엎혀서 안절부절못하고 있다.

그냥 아는 분들께 기도 부탁만 하고 일주일을 조용히 기다린다고 마음을 눌렀지만 마음먹은 것과는 다르게 내 속이 요동을 쳤다.

그런 속 시끄러움을 가지고 의사 선생님과 만났다. 아마도 의사 선생님과의 마주침이 1분도 채 안 걸린 것 같은데, "검사 결과 모든 게 다 좋습니다. 그리고 수술한 지 1년이 넘었지요? 우리 6개월 후에 만납시다"라는 짧은 만남과 그보다 더 짧은 말이 내게는 얼마나 날아갈 것 같았는지!

이제 또 6개월을 벌었다. 그렇다고 6개월 동안 마음 놓겠다는 말은 아니다. 지금 내 심정은 마음을 놓지는 않겠지만 여태까지 해 오던 대로 건강을 위해 열심히 열심히 ….

모든 분께서도 저희 남편과 같이 건강하시기를 ….

2011. 10.

66

김장

2007년 대장암 수술 이후에 오랜만에 김장다운 김장을 담 갔다. 그동안 늘 남동생 장모님께서 남편 병간호만으로도 힘들 겠다고 하시면서 김장김치를 담가 보내준 것을 얻어먹다가 이번 에는 계획에도 없이 이웃들의 권유로 50포기의 김장을 후딱 해 버렸다.

배추가 싼 바람에 조금 넉넉하게 담가서 그동안 얻어먹기만 했던 것에 보답도 좀 해야겠다 싶어서 50포기를 담갔는데, 오히 려 나누어준 것보다 들어온 김치가 더 많았다.

예전에는 늘 형편이 넉넉지 못하다는 생각으로 여러 사람이 함께 김장을 하면 양념이 두 배로 들어갈 것이 무서워 혼자서 몰 래 김장을 하곤 했었는데, 이번에는 내놓은 김에 아예 이웃들과 함께 담갔다. 그러곤 양념 좀 아끼라고 잔소리깨나 하면서 재밌 게 담갔다!

김장 속은 이웃들이 넣고 나는 이것저것 심부름하면서 수육을 맛나게 삶아 점심 준비를 했다. 전날 이웃들에게 김장하는 날은 잔치 날이니 점심 드시러 오라고 청했는데, 도와주시는 분들 외에는 힘들게 하면 안 된다고 안 오시는 바람에 오히려 수육과 함께 보쌈을 돌리느라 힘깨나 뺐다.

　　그렇게 김장을 후딱 해치운 덕에 어찌나 즐겁고 마음이 홀가분하던지!

　　오랜만에 이웃들과 함께 행복한 날이었다.

　　아마도 우리 남편도 엔도르핀이 엄청나게 솟아나지 않았을까!

2011. 11.

67

또다시 6개월을 벌다

지난주 4월 12일에 정기 검사를 받았다.

먼저 위 내시경, 대장 내시경을 받았는데 대장 내시경에서는 작은 폴립(용종)이 있다고 하며 떼어 냈다. 그다음엔 CT로 가슴, 복부를 촬영하고 X-Ray와 피검사를 받았다.

남편은 요즘 식사량은 그대로인데 자꾸만 간식을 먹는 바람에 65kg이던 몸무게가 10kg이나 늘어서 옷이 낀다고 한다. 좋은 현상인데, 더 이상 몸무게가 늘지 않았으면 싶다.

어제 19일에는 검사 결과를 들으러 종양내과에 갔다 왔다. 결과는 다 좋다고 한다. 대장에서 떼어 낸 용종도 양성이라고 한다. 또한 6개월 후에 보자고 한다. 6개월을 벌어 났다. 6개월을 벌었으니 이제부터 6개월 동안은 건강 염려는 하지 않되 항상 건강을 챙기자는 초심을 잃지 말자는 생각을 가지게 된다.

2012. 4.

68

정기 검사

안녕하세요?

6개월을 벌었다고 한 후

어느새 6개월이 되어

지난주에는 검사 결과를 받으니

다 좋다고(깨끗하다고) 하시네요.

감사!

다시 6개월 후의 정기 검사 예약하고 왔습니다.

다시 6개월을 벌었습니다.

늘 초심을 잃지 말아야지 하면서도

남편을 다 나은 사람 취급하니

어떤 때는 서운한지

하루 종일 말도 안 할 때도 있습니다.

그러면 저는 저대로 삐져 버린답니다.

그러다가 얼른 제정신 차리고

속으로 켱기는 걸 감추곤,

'엄매 기죽어'

하면서 살고 있습니다.

우리 카페 회원님들!

모두모두 건강하시고, 행복하시기를 기도드립니다.

2012. 10.

69

막내의 대학 합격

드디어 오늘에서야 우리 막내의 대학 합격 통지를 받았다.

2007년 아빠가 대장암 4기 수술을 받고 투병을 시작할 때, 중 1이었던 막내에게 너는 의대에 가서 아빠 병을 네가 고쳐주었으면 좋겠다고 하는 엄마 말을 허투루 듣지 않고, 하루도 빠지지 않고 아침마다 기도를 받고 학교로 향하는 막내가 어찌나 감격을 주었는지!

그런데 이런 막내가 전액 장학금을 받고 대학에 합격했다. 이제 올해는 큰애로부터 막내까지 우리 집에 대학생이 모두 4명이다.

큰애와 둘째는 군대를 다녀오는 바람에 둘 다 대학 4학년, 셋째는 대학 3학년, 막내는 대학 1학년이다. 희망을 버리지 않고 하루하루를 믿음 가운데 버티다 보니 이렇게까지 될 수 있었다.

어찌 주님의 은혜가 아니면 작은 교회에서 이런 일이 일어날 수 있을까! 선하시고 인자하신 우리 주님께 이 모든 영광을 돌리면서 ⋯.

2013. 1.

70

우리 집 아이들의 이야기

둘째 중학교 2학년 때 담임 선생님이 어찌나 열심이시던지 그분이 내 마음에 꼭 들어서 지금 우리 교회에 나오시는 교장 선생님 따님과 중매를 하려고 했던 적이 있었다.

교장 선생님 따님이 다른 분과의 혼담이 있어서 이루어지지는 않았지만, 그분의 영향을 받아서 우리 둘째가 과학을 좋아하게 되었고 결국에는 물리학과를 가게 되었다.

그런데 인연이 거기서 끝난 게 아니었다. 셋째가 고등학교 때 국문과로 진학하려고 생각하고 있었는데, 그때 국어 선생님이 논술을 쪽집게처럼 집어서 셋째를 가르치셨다.

그래서 셋째는 선생님 덕분에 원하는 국문과에 들어갈 수 있었다. 그 국어 선생님은 둘째 중2 때 선생님 부인이시다. 거기다가 막내 고등학교 때 국어 선생님이 계셨는데, 알고 보니 그분 또한 둘째 중2 때 선생님의 처제다. 셋째가 요즘 수원여고에 가서 매주 토요일마다 논술 멘토를 하고 있는데, 그것을 할 수 있게 해

주신 분이 셋째 고등학교 때 국어 선생님이셨다. 친구까지 추천해 달라고 하셔서 셋째는 친구에게까지 논술 멘토 자리를 추천해 줄 수 있게 되었다.

일주일에 3시간씩 아이들을 가르치는데, 수원여고가 전국에서 처음으로 선배가 지도하는 논술 멘토라는 프로젝트 1호 학교로 지정이 되어서 가르칠 수 있게 된 것이다.

그 선생님께서 하시는 말씀이, "와! 어쩜 우리 집안에 교사가 세 사람인데, 그 세 사람이 너희 3남매를 모두 가르쳤구나. 이런 인연이 있을 수 있나! 너희들 결혼식 때는 꼭 우리들이 참석해야겠구나!"라고 했다고 한다.

남편의 투병 생활 6년 동안을 뒤돌아보면서 이러한 일들이 큰 힘이 되어주었다.

2013. 4.

71

영준이 I

2008년의 일이다.

남편이 병원에서 퇴원한 지 얼마 안 되었을 때 영준이를 만났다. 나는 우리가 정부로부터 받은 도움이 너무도 커서 그냥 있으면 안 될 것 같았다.

남편은 암 4기에 아이들은 어리고 나는 간병에 묶여 경제 활동할 수 있는 형편이 못 되어서 우리 집은 기초수급자가 되었다.

우리처럼 형편이 어려운 아이들을 우리가 가진 것 중에서 그나마 나누고 싶어서 주민 센터 사회복지과 담당자에게 찾아갔다. 그래서 영준이를 소개받았다.

영준이는 아버지가 돌아가시고 나서 어머니와 단둘이 살고 있었는데, 어머니마저 병으로 인해서 어려움을 겪은 지 꽤 오래되었다고 했다. 영준이는 중1이 되면서부터 성적이 아주 많이 떨어졌고, 공부에 어려움을 겪는 것 외에도 신경정신과 치료까지 받아야 될지도 모른다고 했다. 그 당시 우리는 작은 공부방을 하고 있었기에 영준이와 연결이 되었던 것이다.

영준이는 방과 후 오후 시간에 우리와 함께 공부를 하고, 공부가 끝난 저녁이면 우리 집에 와서 우리 아이들과 같이 한 상에 둘러앉아 저녁을 먹었다. 그러다 보니 영준이와 어느새 한 가족이 되었다.

나는 영준이에게도 그동안 우리 아이들을 가르쳐 왔던 것처럼 자유로운 가운데, 주의 말씀을 읽는 것과 그 말씀을 한 가지라도 지키라는 말을 틈날 때마다 했다. 그렇게 하다 보니 영어를 30점 받았던 아이가 기말고사에서 76점을 받았고, 전체 평균이 10점이나 올랐다. 사실은 영어 점수가 89점이 돼야 하는데 답안지를 밀려서 쓰는 바람에 조금 낮게 나온 것이다.

실수한 것도 감사함으로 돌리며, 교만하지 않게 하시려고 실력은 올려 주시고 점수는 조금만 올리도록 하신 하나님께 감사하자고 하니 잘 따라주었다. 그런데 그 무엇보다도 감사한 일은 영준이가 우리 아이들과 같이 지내며 명랑함을 되찾았다는데 있다.

남편이 항암 치료 중인데 힘들지 않을까 하고 처음에는 망설이기도 했지만, 아픈 중에 있으면서 힘을 내게 되면 쓴 만큼 힘을 공급해 주시리라는 믿음을 붙잡았다.

보통 남편이 영준이 영어 공부를 도맡았지만 항암 치료 부작용으로 컨디션이 많이 안 좋을 때는 큰애와 작은애가 아빠를 대신해 가르치며 영준이를 동생처럼 대해 주었다. 잘 따라 주는 영준이는 물론이고 우리 아이들에게도 참 감사했던 기억이다.

2013. 9.

72

영준이 II

2008년에 영준이를 만나고 기말고사가 끝난 지 얼마 되지 않은 때 내가 며칠 아팠던 적이 있었다. 나는 며칠 동안 진통제를 먹으면서 버텨 마치 긴 터널과 같았던 고통에서 간신히 빠져나왔다. 그동안 누워서 끙끙대느라고 아이들을 잘 챙겨 주지 못한 것 같아 미안한 마음이 들었다.

오랜만에 삼겹살 파티를 할 요량으로 남편과 둘째에게 시장 좀 보라고 부탁을 했다.

삼겹살이 어찌나 비싼지 ….

남편이 16,000원어치를 먼저 사고 난 다음에 돈이 남는 바람에 10,000원어치를 더 사 가지고 왔단다. 10,000원어치의 삼겹살 봉지를 보니 한 근 정도밖에는 안 돼 보였다.

아이들 넷, 아니 영준이까지 다섯 명이 먹어야 하는데, 우리 식구만 먹기에도 조금 부족한 양이다. 마침 큰애는 야근을 하고 늦게 온다고 하고, 셋째는 야간 자율 학습 때문에 밤 11시나 되어야 집에 오기 때문에 먼저 10,000원어치의 삼겹살만 둘째와 막내, 영준이에게 구워 주어야겠다고 생각했다.

문제는 이 세 아이들이 풍족하지는 않아도 그래도 고기깨나 먹었다고 생각하게 하려면 16,000원어치의 봉지를 풀어 구워 주어야 한다.

또 하나의 문제는 내 마음이다. 내 생각에는 다음날 아이들이 다 함께 있을 때, 또 한 번 삼겹살을 먹이고 싶었기 때문이다.

오래 생각하지도 않고 10,000원어치 봉지의 삼겹살을 먼저 풀어서 구웠다. 그런데 삼겹살을 구워 주면서 갈등이 시작되었다. 분명 우리 막내가 삼겹살을 먹으면서 모자라게 되면 그것 때문에 한 살 어린 영준이에게 눈치를 줄 것이 안 봐도 번했기 때문이다. 왜냐하면 영준이가 우리 식구들과 함께 저녁을 먹으면서 맛있는 것을 아무 눈치 보지 않고 먹기 때문이다.

영준이는 집에서 외아들로 자랐기 때문에 먹는 것에 구애를 받지 않았기 때문에 우리 집에서 가끔가다 먹는 삼겹살 파티에 우리 집 아이들처럼 허겁지겁하지 않는다. 부족한 고기로 인해 벌어질 일들이 삼겹살을 구우며 훤히 보이는 것이다. 순간 갈등이 생겼다. 영준이를 집에 돌려보낼까 하는 마음으로 …

예전이었다면 나의 착한 여자 콤플렉스가 발휘돼서 오히려 영준이에게 좀 더 잘해주고 그리고 나서 자식들을 못 챙긴 아픔을 나 자신도 모르는 채로 고스란히 마음속에 남겨 두곤 했을 텐데 …

그런데 이제는 어쩐지 나의 그 콤플렉스를 발휘하고 싶지 않았다. 그 대신에 주님께 드리는 기도가 나왔다.

'주님! 저는 부족해요. 제 마음 같아서는 영준이를 집에 돌려보내고 우리 아이들에게만 이 모자라는 삼겹살 파티를 해주고 싶어요. 제 마음은 이렇지만 예수님 때문에 제 마음은 내려놓을게요. 물질의 부족함으로 인해 아픈 제 마음을 주님께서 갚아주세요.'

삼겹살을 굽는 동안 드린 기도의 전부다. 그런데 웬일인지 세 아이들이 아웅다웅하지도 않고 맛있게 삼겹살을 먹었다. 부족한 삼겹살은 볶아 낸 김치로 채웠다.

또한 우리 막내가 먹는 동안 눈치도 전혀 주지 않아서 영준이에게 눈치를 준 다음 내게 혼이 나던 일도 일어나지 않아 감사함의 기도를 드렸던 기억이 새롭다. 그날을 떠올려 보니 나는 언젠가 본 무디 선생의 말씀이 생각났다.

"나는 무슨 일을 계획하고 실천하고 진행할 때마다 언제나 순간순간 기도로 주님께 여쭈며, 도움을 구하지 않으면 절대로 성공하지 못했다."

이 말씀처럼 작은 일조차도 기도로 구한 나의 하루는 성공이라고 말할 수 있지 않을까?

2013. 9.

73

영준이 III

거의 5년 만에 영준이가 교회에 찾아왔다.

영준이는 그동안 영준이 엄마의 소망대로 해양고에 진학했다고 했다. 3학년이 되어서 이제 곧 10개월 동안 근해에 실습을 겸해서 배를 탄다고 했다.

오랜만에 보는 영준이는 아주 의젓한 모습이 되어 주일 예배에 참석했다. 예배가 끝나고 영준이와 이야기를 하다가 우리가 함께했던 기간에 대한 이야기가 나왔다. 내 기억이 믿을 만한 게 못 되어서 내 생각에는 6개월쯤이었나 싶어서 물어보니 1년여 정도 함께했었다고 영준이가 말을 해 줬다.

당시 한 학년 높았던 중2 우리 막내가 많이 짓궂게 했었다는 기억이어서 "막내 형한테 많이 구박받았었지?" 하고 물었더니, 그 기억은 없는데 우리 둘째가 범접할 수 없는 무서운 존재였다고 했다.

남편이 항암 치료 부작용 때문에 힘들 때면 대학생인 둘째가 영어로 성경을 가르쳤는데 아마도 남편과는 달리 엄하게 가르쳤기 때문에 둘째를 무섭다고 기억하는 것 같았다.

오랜만에 점심도 함께 하고 이런저런 이야기로 시간을 보내다가 형들과 함께 청년 예배도 드리고 기도회까지 마쳤다. 그리고 돌아오면 우리 교회에 다시 나오겠다고 하면서 집으로 돌아갔다.

가장 어려운 시기에 만났던 작고 천진난만했던 아이가 아주 어른다운 의젓한 모습으로 해양고의 멋진 유니폼을 입고 예배를 드리는 것을 보며 남편은 얼마나 감회가 남달랐을까!

아직도 항암 치료 부작용 때문에 가끔 힘들어하는 남편에게 주님께서 힘을 주시고 위로를 보내시기 위해 영준이를 보내신 것 같았다. 아니 그리 붙잡는다.

그리고 주님께서 험한 바다로 나가는 영준이를 위해서도 기도하라고 하시는 듯하다.

2013. 9.

74

큰애의 평활근육종(악성)과
남편의 정기 검사 결과

"모든 게 다 좋습니다.

이제 6개월 후에 다시 뵈면 되겠습니다."

이 한마디의 의사 선생님의 말씀에 얼마나 날아갈 것만 같은지!

6개월 만에 다녀온 남편의 정기 검사 결과가 그동안 2주가 넘도록 했던 근심 걱정을 말끔히 날려 버렸다. 이번 여름에 갑자기 큰애의 팔뚝에 앵두만 한 작은 혹이 하나 생겼었다. 큰애와 가족 모두 처음에는 대수롭지 않게 여겼는데 시간이 지나도 혹이 사라지지 않아 동네 피부과에 가서 제거 시술을 받았다.

그곳 의사 선생님께서 혹이 징후가 좋지 않다며 검사소에 조직 검사를 의뢰했고 평활근육종(악성)이라는 판명을 받았다. 그래서 다시 아산병원 정형외과 육종 담당 교수님께 재검사를 의뢰했고 결국 9월에 26일 입원, 27일 수술, 10월 4일 퇴원이라는 2주간의 병원 신세를 질 수밖에 없었다. 다행히도 수술은 잘 마무리되었고 항암 치료나 방사선 치료도 안 해도 된다고 했다.

그동안 아내의 빈자리와 큰애의 병 때문이었는지 나도 힘들었지만 특히 남편이 몹시 힘들어했다. 10월 들어서 배에 가스가 다시 차고 2주 가까이 많이 아픈 바람에 혹시나 암이 또다시 재발한 건 아닐까 얼마나 노심초사했었는지 모른다.

큰애와 남편으로 인해서 또다시 많이 놀란 가슴이지만, 운명에 굴하지 않으리 하는 생각과 만사를 주님께 내어 맡겨야겠다는 담대함까지 생겨났다. 잃은 것이 있으면 얻는 것도 있다는 말을 꽉 붙잡는다.

2013. 10.

75

Re: 저희와 많이 비슷하시네요

저희 남편은 2007년에 S상 결장 수술을 받았어요. 간에도 전이가 된 상태였는데요. 간에 전이된 암은 고주파 시술로 치료했고, 수술할 때 S상 결장이 너무 많이 부풀어있어서 수술한 부분을 보호하려고 임시 회장루를 했었습니다.

당시 항암 치료도 거의 2년 가까이했었는데, 모든 게 다 잘 끝났습니다. 그 이후 장루 복원 수술을 2010년 5월에 했고요. 바로 이어서 8월에 간전이 재발암 수술을 할 때 담낭에까지 전이가 되어 있어서 담낭까지도 제거 수술을 했습니다.

늘 장이 약했던 남편이기에 회장루 복원 수술할 때 저는 복원 수술을 반대하는 입장이었어요. 그런데 남편이 복원하고 싶어 해서 본인의 의사에 맡겼지요.

회장루 복원 수술한 후 처음에는 얼마나 불안했었는지 몰라요. 저는 남편이 회장루를 했을 때, "내 친구 장루"라는 카페에도 자주 드나들었어요. 그곳에서 좋은 정보도 얻고 또 위로도 많이 받곤 했었답니다. 그런데 복원 수술할 때는 "내 친구 장루"에 올라와 있는 복원 수술 이후에 겪은 많은 부정적인 사례들이 오히려 걸림돌이 되었었습니다. 그래도 본인의 의사를 존중해서 복원 수술을 했지요.

저는 복원 수술 후에 남편에게 나타난 안 좋은 몇몇 현상들 때문에 불안해했지만, 저희 남편은 열심히 정말 열심히 건강관리를 하더라고요. 그리고 꼭 하루에 한 시간 이상씩 걷기 운동을 게을리하지 않았습니다.

빨리 걷지는 않았고요. 산책하듯이 걷기 운동을 했는데 그게 장에 정말 좋았던 것 같습니다. 음식은 특별하게 신경 쓰지 못했습니다.

남편은 암 발병하기 전에는 음식을 많이 가렸던 편이었는데, 암에 걸리고 나니 오히려 먹고 싶은 음식 위주로 먹되 골고루 먹는 편입니다. 그리고 한 가지 덧붙이고 싶은 게 있는데, 장에는 특별히 마음 가짐이 가장 중요한 것 같습니다. 특히 저희 남편을 보더라도 그런 것 같아요.

2015. 6.

추천자 노트

[대싸모] 경험방에 남편과 같은 회장루한 환자분께 쓴 답글.

76

4번째 수술

6개월마다의 정기 검사를 받은 지 만 5년이 되어가는 올 11월의 정기 검사에서 남편의 간에 1cm의 종양이 보인다고 했다. 남편과 나는 정밀 검사를 받기 위해 11월 한 달 동안을 병원에 왔다 갔다를 반복했다.

결국 12월 9일에 절제 수술을 받았다. 2010년 8월에 간과 담낭 절제 수술한 후 만 5년째 되는 해다. 그동안 늘 마음 놓지 않고 지냈다고 생각했는데 어느 순간에 방심했었나 싶었다.

아니 방심했다기보다는 내가 올 3월부터 아프기 시작했던 허리가 MRI검사 결과 척추 종양이라는 진단을 받고 수술을 받았기 때문인 것 같았다. 그게 남편에게는 큰 스트레스가 되었었나 보다.

이번에 남편이 받은 4번째 수술은 5년 전에 수술해 주셨던 교수님께서 수술해 주셨다. 그런데 수술받는 남편에게 교수님은 그동안 관리를 잘했다는 칭찬을 해 주셔서 오히려 우리는 어리둥절했다. 나는 그 말씀에 얼른 마음을 더 좋아지고 있다는 마음으로 바꿨다. 남편은 수술한 지 7일 만에 퇴원해 회복 중에 있다.

그리고 본인은 회복이 잘 되고 있다고 생각하는지 일에 있어서 의욕을 내고 있는데 나는 한 달 동안은 회복하는 데만 전념하자고 말했다. 그러고 나서 남편과 아이들 말대로 좋아지고 있는 거라고 믿으면서도, 다시 초심으로 돌아가야겠다고 마음을 다진다.

2015. 12.

77

암 졸업!

  남편과 함께 그제 화요일에 4번째 수술한 지 5개월 만에 병원에 갔다 왔다. 2015년 12월에 받은 간담췌외과 수술 결과와 지난주에 받은 간 CT 검사 결과를 보는 날이었다.

  나는 처음엔 너무 바빠서 남편에게 혼자 병원 갔다 오라 해야겠다고 생각했는데, 집안일을 하면서 함께 병원에 갔다 와야겠다는 생각으로 마음이 바뀌었다.

  드디어 진료실에서 만난 간담췌외과 교수님이 조금도 망설이지 않고 검사 결과가 모두 좋다고 했다. 그러고 나서 종양내과, 일반 외과 모두 이제는 아산병원에 올 필요 없다고까지 말했다.

  갑작스레 듣게 된 좋은 결과에 나는 어리둥절하면서도 염려가 되어서 2년마다 정기적으로 대장 내시경도 받아야 하는데 그때는 어떡하느냐고 물었다. 그리고 남편이 대장 내시경할 때마다 대장에 용종이 3~4개 이상이 있어서 시술하곤 했었는데 그건 어떡하느냐고 재차 물었다. 교수님은 대장 내시경이 가능한 동네

1차 진료 기관에서 검사받으면 된다고 말씀하셨다.

나와 남편이 10년이 넘도록 다니며 이제는 익숙해져 버린 병원에서 예상하지 못한 가운데서 듣게 된, "이제 그만 오셔도 됩니다"라는 그 갑작스러운 말이 도무지 믿기지 않기도 하고 얼떨떨하기도 해서 잠시 혼란스럽기까지 했다. 그런 가운데 병원을 나서며 첫 번째로 드는 생각은 감사하다는 마음이었다.

'우리에게 이런 날이 올 수도 있구나!'

하는 생각과 함께 하나님께서 미련한 우리를 의사 선생님을 통해 이제는 다 았다고 깨닫게 하신 것을 알게 되었다.

'주님!

미련하고 더디 믿는 저희의 믿음 적음을 용서하시고, 이 시대에 살아있음 자체가 주님께 영광 돌리는 저희가 되게 하시고 살아계신 주님을 친히 증거 하는 증인 삼아 주소서! 아멘!'

기도를 드리며 집으로 돌아오는 내내 감사의 웃음이 떠나질 않았다.

2016. 5

글을 마치며

2007년 남편이 첫 수술을 하는 날 새벽에 아산병원 교회 목사님을 통해서 들은 말씀이 있습니다.

> 인내를 온전히 이루라 이는 너희로 온전하고 구비하여 조금도 부족함이 없게 하려 함이라(약 1:4)

야고보서 1장 4절 말씀입니다.

남편의 수술을 위해 기도하던 그때부터 암 졸업할 때까지 그리고 지금도 이 말씀을 붙잡고 한시도 떼어 놓은 적이 없는 것 같아요. 퇴원 이후부터 시작된 저와 남편의 암 투병 여정을 나열해 보면,

2007년 9월부터 항암 치료 시작

2008년 12월에 항암 20차 치료 완료

2010년 5월에 임시 회장루 복원 수술

2010년 8월에 간전이 재발암 수술

2010년 9월부터 재발암 항암 치료 시작

2011년 4월에 재발암 항암 8차 치료 완료

2015년 12월 또다시 간담췌외과 수술

2016년 5월에 암 완치 판정

2017년부터 1차 진료 기관에서 대장 내시경 검사 시작

　장장 10년이 넘는 기간을 어떻게 지나왔는지 모르겠네요. 지금까지 14년을 지나면서 결코 쉽지 않은 투병 생활이었습니다.

　2007년에 남편이 암 발병하기 전까지는 대형 병원에 가서 치료를 받아본 적이 전혀 없어서 어떻게 입원 생활을 해야 하는지 또 간병은 어떻게 해야 하는지 아무것도 모른 채로 막막한 상황에 처했습니다. 그래도 무작정 남편을 살려야겠다는 마음 하나뿐이었습니다. 그런데 뒤돌아보면 남편을 간병하면서 정말 잘했다고 생각하는 게 있는데 그것은 먼 앞날은 아예 생각도 안 했던 것입니다.

오늘 하루만 잘 견디자 하는 마음 하나만 가지고 매일매일을 살았었는데 예나 지금이나 저희에게 그보다 더 좋은 간병은 없었을 거라 생각합니다.

그날들만을 생각하지 않았다면 어떻게 그 무거운 암 투병을 저희가 견뎌 낼 수 있었을까요?

하루하루를 생각한 만큼 아주 성실하게 그리고 열심히 살아왔다고 자부합니다. 이제는 우리 집 네 명의 자녀들도 다들 잘 자라서 결혼한 자녀도 있고, 이젠 손주까지 보았습니다. 그러다 보니 요즘은 사는데 바빠서 암과의 싸움을 언제 했었나 하고 아주 까맣게 잊고 지내고 있기도 합니다.

하지만 암과 치열하게 싸웠던 때를 잊지 않으려고 노력하고 있습니다. 처음 우리에게 조용한 불청객처럼 찾아왔듯이 언제라도 또다시 찾아올 수 있다는 생각을 하면서 말이지요.

요즘처럼 힘든 코로나19 시대에 남편과 저는 자연스레 그동안의 14년을 떠올려 보게 되었습니다. 제가 그 어려운 시기를 견디어 올 수 있었음은 '오늘은 여기까지 내일은 내일의 태양이 또다시 떠오를 거야' 하며 하루하루만 생각하면서 견뎌왔기에 가능했다고 생각합니다.

또한 견디는 동안 그 어려움이 저희를 한 단계씩 업그레이드시켜 주었음을 지금에 와서야 깨닫게 되네요. 힘들 때 견디기만 하는 것도 매우 어렵지만 그렇게 하루하루를 지내다 보면 어느새 그 시기가 지나가 있더군요.

이 책을 보시는 분들 모두 다 힘든 시기에도 용기 잃지 마시고 이 책이 여러분에게 작은 위로로 다가갈 수 있기를 소망합니다.

> 그러므로 내일 일을 위하여 염려하지 말라 내일 일은 내일이 염려할 것이요 한 날의 괴로움은 그날로 족하니라(마 6:34).

모든 환우들을 위해 기도합니다. 아멘!

이 글들을 다 완성한 후 책으로 출판을 하려고 하던 차에, 갑작스레 남편의 전립선암 PSA 수치가 2,000 넘고, 척추에 또 갈비뼈, 고관절에 전이되어서 2021년 7월 22일에 아주대학병원에서 응급으로 척추 수술을 했는데, 척수손상으로 인해 수술 6시간 30분 만에 병실로 올라온 남편의 하지가 마비되어 있었습니다.

저는 수술실에서 살아 돌아온 것만 눈에 들어왔지, 하지마비는 제 눈에 아예 들어오지도 않았을 뿐만 아니라 감사기도가 저절로 나왔습니다. 그 이후 8개월 동안 하지마비가 돌아올 수 있음을 한치도 의심해보지 않고 재활 훈련을 하고 있습니다.

그 결과 지금은 비록 클러치라는 지팡이를 짚고 걷기는 하고 있지만, 보통의 척수 손상 환자들이 6개월 정도까지는 재활훈련이 진척을 보여 열심히 노력하지만, 눈에 띄게 진척이 없음으로 인해 대부분이 6개월 이후에는 포기하는데 비해 남편은 지금도 아주 열심히 재활훈련에 임하고 있습니다. 전립선 암수치는 지난주 검사 결과에서 0.34로 나왔습니다.

2022. 2.